はじめての英検Jr.

ブロンズ

はじめての英検Jr. ブロンズ

はじめに ……………………………………………………… 4

英検Jr.「ブロンズ」受験に向けて ……………………… 6
英語教室でのとりくみについて／家庭でのとりくみについて

このドリルを英検Jr.に役立てるには ………………… 8
学習環境の整えかた／「たんごじてん」の活用のしかた／
「会話じてん」の活用のしかた／練習問題の活用のしかた

もくじ

たんごじてん1	たべもの①	……………………… 10
たんごじてん2	たべもの②	……………………… 11
たんごじてん3	いろ・かず・かたち	……………… 12
たんごじてん4	どうぶつ	……………………………… 13
たんごじてん5	もちもの	……………………………… 14
たんごじてん6	まち・のりもの	…………………… 15
たんごじてん7	しぜん	………………………………… 16
たんごじてん8	かぞく・からだ	…………………… 17
たんごじてん9	ようふく	……………………………… 18
たんごじてん10	いえ・きょうしつ	………………… 19
たんごじてん11	しょくぎょう	……………………… 20
たんごじてん12	どうし①	……………………………… 21
たんごじてん13	どうし②	……………………………… 22
たんごじてん14	どうし③	……………………………… 23
たんごじてん15	けいようし	………………………… 24
会話じてん1	あいさつ	……………………………… 25
会話じてん2	しょうかい・せつめい	…………… 26
会話じてん3	へんじのしかた①	………………… 27
会話じてん4	へんじのしかた②	………………… 28
会話じてん5	おねがいなど	……………………… 29

問題1	絵にあう文は？	30
問題2	Yesか？ Noか？	37
問題3	スリーヒントクイズ	44
問題4	文にあう絵は？	49
問題5	お話にあう絵は？	54
問題6	みんなにきいてみよう	60
問題7	どうすればいいかな？	66

英検Jr.の基礎知識 …………………………… 71

問題のこたえと問題文 ………………………… 74

本書の問題作成者

● 笠木えりあ
アルク Kiddy CAT 英語教室教師。
神奈川県鎌倉市にて、
「E English School」主宰。

● 牧 菜穂
アルク Kiddy CAT 英語教室元教師。

ダウンロード特典 〜保護者の方へ〜

＜1＞ 本番と同じ問題数の「練習テスト」を用意！

「英検Jr.」では、子どもが最初から最後まで集中力を保って問題を解くことができるかどうかが重要です。そこで本書内の問題を再構成して、本番と同じ問題数の「練習テスト」を作成しました。アルク・ダウンロードセンターで問題用紙と解答（PDF／A4サイズ）、音声（mp3）をダウンロードし、本書使用前や使用後の腕試しとしてぜひご利用ください。

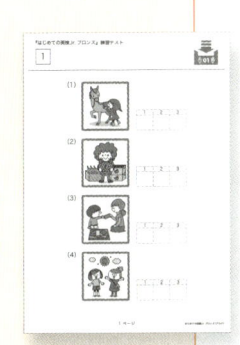

＜2＞ CD音声がスマートフォンでも聞ける！

CDに収録した音声のmp3ファイルを提供しています。
ダウンロードしてmp3プレーヤーで音声を聞くことができるほか、アルクが提供する無料アプリ「英語学習 booco」を使えば、お手持ちのスマートフォンで聞くこともできます。
mp3ファイルのダウンロードおよびboocoの詳細は、アルク・ダウンロードセンターでご確認ください。

◆ **アルク・ダウンロードセンター**
https://portal-dlc.alc.co.jp

※本サービスの内容は、予告なく変更する場合がございます。あらかじめご了承ください。
※ダウンロードセンターで本書を探す際、商品コード（7016040）を利用すると便利です。

はじめに

子どもの成長を後押ししてくれる育成型のテスト

笠木えりあ
1994年より、幼児から高校生までを指導。ことばは心の鏡、をモットーに子どもたちにその素敵な「心」を伝える英語力を身につけるよう指導している

　「英検Jr.」は、英語を学習する児童に身につけてほしい力のひとつである「リスニング力」を問題形式にとり入れたテストです。身近な話題や状況を問題にしているので、児童は興味をもって受けることができます。レベルは全部で3つあり、本書はなかでもとくに英語学習初期にあたる児童が受ける「BRONZE（ブロンズ）」に的をしぼり、身近な語彙やごく基本的な日常会話を理解しながら、それらに必要なリスニング力を強化し、試験の形式や解答方法に慣れることを目的としました。本書を上手に活用しながらテスト形式に慣れていけば、本番のテストにはスムーズに、そして楽しく挑戦できることと思います。

　私は児童英語教育に携わりながら多くの児童との「はじめての英語との出合い」を経験してきました。子どもたちは英語のもつ独特のリズム、あいさつから始まり、自分の好きなものや嫌いなものなどが表現できるまで、とひとつひとつゆっくりですが、確実に階段を上がっていきます。「英検Jr.」はその階段をもうひとつヨイショと上に引き上げてくれるまさに育成型のテストと言えるでしょう。

　ブロンズを受ける児童たちは、はじめてのテストとあって緊張しながら真剣にとりくみます。しかし、受けた後、子どもたちははじめて受けて「できた」テストの喜びと達成感を味わい、英語に対する自信をつけ、そこからさらにもっと挑戦してみたいといった意欲を見せます。

　また「英検Jr.」は合否のないタイプのテストですので、その結果がさらに子どもたちに前向きなとりくみを促してくれます。保護者の方や先生方は、がんばった結果を子どもと一緒に見て、たくさんほめてあげてください。励ましの言葉がけが子どもたちの心にぐんぐん入っていきます。うんうん、と強くうなずく横顔を何人も見ていると「英検Jr.」を上手に活用すればこんなにもモチベーションが上がるのだ、ということを強く実感します。

英語学習は聞いて話す、読んで書く、といった4技法をバランスよくきちんと積み上げていってはじめて形になる地道な学習です。とりわけ児童の場合は文法よりもまず英語の耳を鍛え、簡単なフレーズや身近な単語を自分の言葉として表現できるよう何度も声に出して継続的に学習するのがよいでしょう。その学習の延長上に「英検Jr.」をとり入れることでさらに学習意欲が高まったり、聞きとれたという自信が次へのチャレンジにつながったり、漫然としていた学習目標が一人ひとりにはっきりと見えてきます。できる喜び、わかる楽しさ。その気持ちこそが大切です。ほめられ、認められること。ゴールに向かって何度もチャレンジができること。「英検Jr.」は子どもたちの心にたくさんのエールを送ってくれる素敵な教材です。さまざまな英語学習のなかで最も楽しいスパイスのひとつになるよう賢く活用していきましょう。

「英検Jr.」の基礎知識（1）

1．グレードは3つ
「BRONZE」、「SILVER」、「GOLD」の3つに分かれており、児童の年齢や英語学習歴によって選ぶことができる（各グレードの対象受験者のめやすは6、71ページを参照）。

2．テスト結果は合否をつけない
テスト結果は正答率で評価され、80パーセントを境に「次のグレードへ進む」か「同じグレードに再チャレンジする」かのおおよその判断基準となる。児童には、この正答率を山登りに例えてイラストとともに記載したレポートカードと、英語で書かれた成績証明書が渡される。

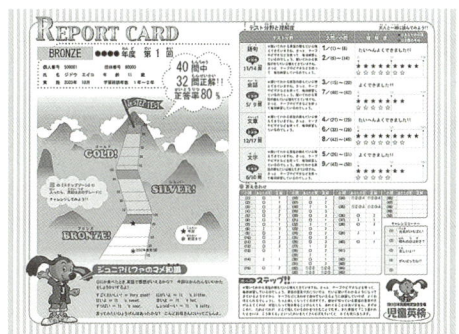

提供：公益財団法人 日本英語検定協会
※デザインは変更される可能性があります。

レポートカードの見本。ブロンズからゴールドまでの道を山登りに例えた絵の中に、位置が示されるため、自分がいまどの段階にいるのかがわかりやすい

3．グループか個人で受験できる
日本英語検定協会に「グループ会場実施登録」をしている英語教室などが実施するグループ会場受験、もしくは個人で受けられるオンライン版のふたつがある。

4．試験は年に3回実施（ペーパー版）
6月、10月、2月の年3回おこなわれている（月がずれる場合もある）。

英検Jr.「ブロンズ」受験に向けて

1. 英語教室でのとりくみについて

●ブロンズ受験をすすめる時期

受験時期のめやすは、音声による基本的な表現に慣れて、英語を聞いて発話することを楽しめるようになっているかどうかで判断するといいでしょう。ちょうどその時期は、英語という新しい言葉に出合い、それぞれ自分とは違った個性の仲間と一緒に、リズムに乗って体を動かしながら学習が進んでいるころだと思います。

「間違ってもいいんだよ、やってみようよ、ほらできた」のようなクラスの雰囲気のなかで、生徒がちゅうちょなく"I'll try!"と発話でき、先生が"Nice try!"とほめてあげられる、そんな機会をたくさんつくるようにしましょう。

牧 菜穂
1996年より、幼児から大人までを指導。
ひらがなで語りかけるように、ことばを
大切に共有する教室づくりを心がける

「英検Jr.」の基礎知識（2） ブロンズ受験対象者のめやす

- 「英検Jr.」の受験がはじめての児童
- 英会話スクールなどでの学習経験が半年～1年程度
- 小学校での英語学習経験が1年半～2年程度
- 文字の学習経験なし
- 家庭で英語学習をしている未就学の児童

●レッスンでの対策方法

先生は試験の内容や形式を把握し、試験内容がレッスン内容自体に組み込まれるよう工夫をしましょう。限られたレッスン時間のなかで、たとえば開始前の入り口のドアで、絵を見せながら試験の出題形式のスリーヒントクイズに答えて入室させたり、終わりのあいさつの前に、よく使う基本的な表現のやりとりの定着を確認したりと、レッスン内容をふくらませて対策とします。

また、ひとつひとつのテーマを導入し定着させるために、先生対生徒全員でのやりとり、生徒をふたつのグループに分けてグループ同士でのやりとり、ペアでのやりとりと、生徒がより多く発話できる場面をつくるように心がけるとよいですね。受験する生徒の保護者には、ニューズレター等で

教室の受験の趣旨をご理解いただき、教材の内容に沿った、英語を聞いてまねて声に出す自宅学習の内容と必要性を伝えておきましょう。生徒の継続する学習を応援してもらえるような連携をはかっておくことも大切です。

2. 家庭でのとりくみについて

●聞いて声に出す学習を

　ご家庭で英語学習をおこなう場合も、ブロンズを受験する時期の子どもには、英語を聞いてまねて発話する学習をたっぷりととり入れましょう。毎日の日常生活に、学習の場が自然とできているのが理想です。お子さんとよく過ごす部屋の一部に「英語コーナー」をつくり、学習を助けるための「視聴覚教材」を置き、いつでも英語にふれることができる環境を。そして、続けて力になるための「英語の時間」をつくりましょう。

家庭でできる３つの方法
１）日常的に英語にふれる環境づくり
２）音声付きの教材を活用
３）決まった時間を「英語タイム」に

　英語コーナーには、お子さんがいつでもとり出せるように、手の届くところにお気に入りの絵本や教材を置き、大好きな場所をつくりましょう。
　ブロンズは子どもの生活状況に合った身近な基本的な表現が幅広く出題されるので、ポイントを聞きとる力をつけるために、絵と音声が一体となった教材がおすすめです。絵じてんや絵カード、DVD等の視聴覚教材の活用が効果的です。
　a banana／eat a banana、school／go to school のように、単語だけでなく状況のわかる動詞句やフレーズが載ったものを選び、音に合わせて動作をしながら活用しましょう。英語を聞いて絵を指さすゲームや、動詞句やフレーズに合わせて動作をしたり、動作からフレーズをあてたりするなど、体を動かしながらあきないゲームへと展開すると楽しく学習できます。家庭での１日は、朝起きてから眠るまでのたくさんの初歩的な英語のやりとりに変えることができます。
　ごはんやおやつ、おふろやおやすみ前の時間など、お子さんと共有する時間のなかで、お子さんが安心して英語学習を楽しんでいけるように、毎日10分程度の学習の小さな積み重ねを見守り、応援してあげてくださいね。

このドリルを英検Jr.に役立てるには

笠木えりあ

1. 学習環境の整えかた

●やりたい気持ちを尊重しながら、学習環境にも配慮を

　ドリルは無理せず、子どもが「やりたい」という気持ちがあるときに進めていきましょう。決して強制しないことです。そして、いきなり問題に取り組むのでなくまず問題をよく読み、答えはどこに記入するのか要領を確認しながら、丁寧に説明してあげてください。

　音声のみで進めていくことに慣れるためにも、途中でおしゃべりしたり気が散ったりして集中できない環境にならないよう、騒音などに気をつけることも大切ですね。机の上のものなど余計なものはかたずけるなどしてまわりの状況に気を配りましょう。

2.「たんごじてん」の活用のしかた

●名詞、動詞、形容詞を15のカテゴリーで紹介

　子どもにとって身近な、食べものや身のまわりのものなどを15のカテゴリーにまとめてあります。CDを活用しながら一緒に声に出してリピートしたり、聞こえた単語を指さしたり、絵と音声との両方から目と耳を同時に使ってインプット・アウトプットしていくといいでしょう。

　さらにこのページでは、日本語をもとに意味を確認できるので、子どもがひとりで学習することができます。英語の文字に慣れていない段階でも、絵と合致する丸数字の英単語を見ながら、一文字目の音を頼りに読むことにトライしてもいいですね。

　これらの単語は「英検Jr.」のブロンズの内容になるべく近いごく基本となる単語をまとめていますが、すべてを網羅してはいません。活用するときは、部屋や教室を見渡して、本書にないものを探すなどのアクティビティを取り入れれば、さらに語彙を増やすことができ、楽しく学習できるでしょう。試験近くになったら、苦手なカテゴリーだけを確認していくと、弱点が克服できて自信がもてます。

英単語とその意味をあらわす日本語は、絵と合致する丸数字をふって表記しています

3.「会話じてん」の活用のしかた

●日常生活でも基本的な会話の練習を

　まずは、絵を見ながら状況を確認しつつ、CDの英語をリピートして定着をはかります。発話の意味がしっかり理解でき、口慣らしができたら、それぞれの場面の登場人物になったつもりでロールプレイをしたり、CDを一度止めてその投げかけられた言葉に対して答えを言ったりしてみましょう。また絵だけを見て、どんな会話が交わされているかを答えたり、レッスンや日常生活で同じ場面になったらその会話をしてみたり、常に実際の生活のなかで使うような、発展的なアクティビティを多くおこなうといいでしょう。絵の表情から、どんな気持ちで登場人物が会話しているのかを読みとることも大切です。子どもたちの心の表現力を豊かにすることも忘れないようにしてください。

基本的な会話の一部を掲載。
似た場面を想定し、表現の幅を広げるなどの活用を

4. 練習問題の活用のしかた

●1日1見開きをめやすに、できれば数回学習を

　先生や保護者の方は、まず各問題の最初のページで、問題の傾向などを確認しておきます。実際に子どもに解かせる場合は、1日1見開きをめやすに、できれば１から順に進めましょう。本番と同様の形式の問題を同じ順に掲載しているので、雰囲気をつかむことができます。問題の形式が変わるときは、CDを止め、解き方の要領を確認する作業を子どもと一緒にしてください。答え合わせをするときにも、もう一度CDを聞きながら正解を導くようにすれば、2度学習ができます。その際「わかる」「できた」といった達成感を育てるため、どんな場合も大いにほめ、励まします。わからない場合は問題に印をつけておき、日をおいて定着をはかってみるといいでしょう。

間違えた個所はチェックしておき、関連する語彙や表現は試験前に確認しておきましょう

9

たべもの①

たんごじてん1

① cabbage
② carrot
③ corn
④ cucumber
⑤ eggplant
⑥ onion
⑦ potato
⑧ pumpkin
⑨ tomato
⑩ apple
⑪ peach
⑫ strawberry
⑬ grapes
⑭ pear
⑮ cherry
⑯ pineapple
⑰ banana
⑱ orange
⑲ lemon

① キャベツ
② にんじん
③ とうもろこし
④ きゅうり
⑤ なす
⑥ たまねぎ
⑦ じゃがいも
⑧ かぼちゃ
⑨ トマト
⑩ りんご
⑪ もも
⑫ いちご
⑬ ぶどう
⑭ ようなし
⑮ さくらんぼ
⑯ パイナップル
⑰ バナナ
⑱ オレンジ
⑲ レモン

たべもの② — たんごじてん2

① milk
② cola
③ water
④ juice
⑤ salt
⑥ sugar
⑦ soy sauce
⑧ hamburger
⑨ sandwich
⑩ French fries
⑪ hot dog
⑫ salad
⑬ ice cream
⑭ cake
⑮ candy
⑯ cookie
⑰ chocolate

① ぎゅうにゅう
② コーラ
③ みず
④ ジュース
⑤ しお
⑥ さとう
⑦ しょうゆ
⑧ ハンバーガー
⑨ サンドイッチ
⑩ フライドポテト
⑪ ホットドッグ
⑫ サラダ
⑬ アイスクリーム
⑭ ケーキ
⑮ キャンディ
⑯ クッキー
⑰ チョコレート

たんごじてん3 いろ・かず・かたち

① red
② blue
③ yellow
④ green
⑤ orange
⑥ purple
⑦ black
⑧ brown
⑨ gray
⑩ white
⑪ one
⑫ two
⑬ three
⑭ four
⑮ five
⑯ six
⑰ seven
⑱ eight
⑲ nine
⑳ ten
㉑ circle
㉒ square
㉓ rectangle
㉔ triangle
㉕ heart
㉖ diamond

① あか
② あお
③ きいろ
④ みどり
⑤ オレンジ
⑥ むらさき
⑦ くろ
⑧ ちゃいろ
⑨ はいいろ
⑩ しろ
⑪ 1
⑫ 2
⑬ 3
⑭ 4
⑮ 5
⑯ 6
⑰ 7
⑱ 8
⑲ 9
⑳ 10
㉑ まる
㉒ ましかく
㉓ ながしかく
㉔ さんかく
㉕ ハート
㉖ ひしがた

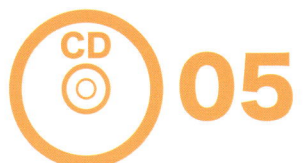

CD 05

どうぶつ

たんご じてん4

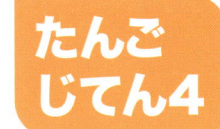

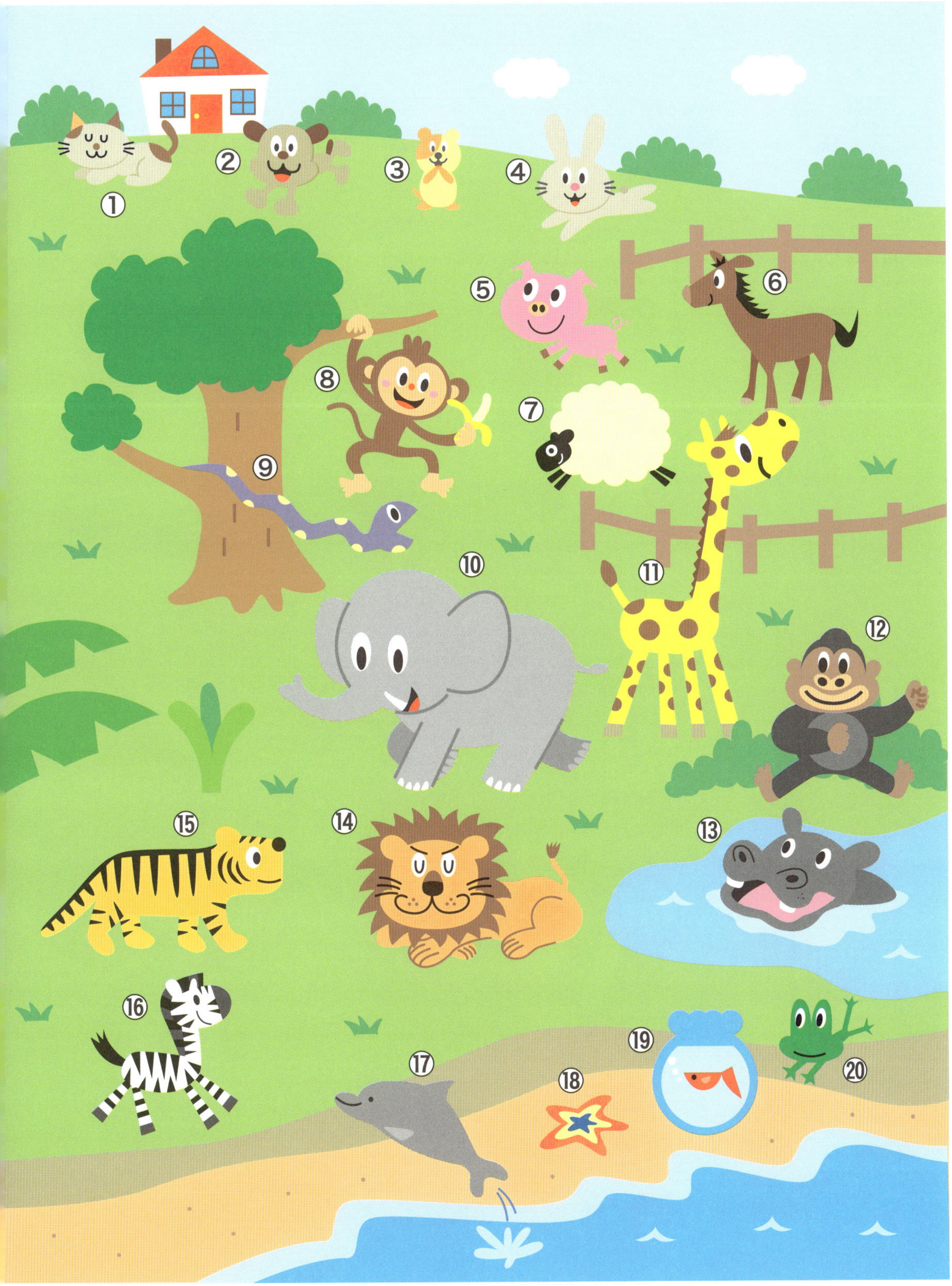

① cat
② dog
③ hamster
④ rabbit
⑤ pig
⑥ horse
⑦ sheep
⑧ monkey
⑨ snake
⑩ elephant
⑪ giraffe
⑫ gorilla
⑬ hippopotamus
⑭ lion
⑮ tiger
⑯ zebra
⑰ dolphin
⑱ starfish
⑲ goldfish
⑳ frog

① ねこ
② いぬ
③ ハムスター
④ うさぎ
⑤ ぶた
⑥ うま
⑦ ひつじ
⑧ さる
⑨ へび
⑩ ぞう
⑪ きりん
⑫ ゴリラ
⑬ カバ
⑭ ライオン
⑮ とら
⑯ しまうま
⑰ イルカ
⑱ ヒトデ
⑲ きんぎょ
⑳ カエル

たんごじてん5 もちもの

① watch
② camera
③ bag
④ present
⑤ book
⑥ comic book
⑦ newspaper
⑧ glasses
⑨ cellphone
⑩ umbrella
⑪ guitar
⑫ harmonica
⑬ violin
⑭ crayon
⑮ pen
⑯ pencil
⑰ notebook
⑱ eraser
⑲ ruler
⑳ pencil case
㉑ sticker
㉒ ball
㉓ jump rope
㉔ cards

① うでどけい
② カメラ
③ かばん
④ プレゼント
⑤ ほん
⑥ まんが
⑦ しんぶん
⑧ めがね
⑨ けいたいでんわ
⑩ かさ
⑪ ギター
⑫ ハーモニカ
⑬ バイオリン
⑭ クレヨン
⑮ ペン
⑯ えんぴつ
⑰ ノート
⑱ けしゴム
⑲ じょうぎ
⑳ ふでばこ
㉑ シール
㉒ ボール
㉓ なわとび
㉔ トランプ

07 まち・のりもの たんごじてん6

① rocket
② airplane
③ ship
④ restaurant
⑤ bicycle/bike
⑥ post office
⑦ car
⑧ library
⑨ fire station
⑩ fire engine
⑪ museum
⑫ hospital
⑬ bus
⑭ bus stop
⑮ department store
⑯ park
⑰ bench
⑱ pool
⑲ vending machine
⑳ train

① ロケット
② ひこうき
③ ふね
④ レストラン
⑤ じてんしゃ
⑥ ゆうびんきょく
⑦ じどうしゃ
⑧ としょかん
⑨ しょうぼうしょ
⑩ しょうぼうしゃ
⑪ びじゅつかん・はくぶつかん
⑫ びょういん
⑬ バス
⑭ バスてい
⑮ デパート
⑯ こうえん
⑰ ベンチ
⑱ プール
⑲ じどうはんばいき
⑳ でんしゃ

たんごじてん7 しぜん

① star
② moon
③ tree
④ mountain
⑤ sun
⑥ sky
⑦ rainbow
⑧ river
⑨ flowers
⑩ swing
⑪ balloon
⑫ seesaw
⑬ slide
⑭ sunny
⑮ rainy
⑯ snowy

① ほし
② つき
③ き
④ やま
⑤ たいよう
⑥ そら
⑦ にじ
⑧ かわ
⑨ はな
⑩ ブランコ
⑪ ふうせん
⑫ シーソー
⑬ すべりだい
⑭ てんきのいい
⑮ あめのふる
⑯ ゆきのふる

かぞく・からだ

たんごじてん8

① grandfather
② grandmother
③ father
④ mother
⑤ sister
⑥ brother
⑦ woman
⑧ man
⑨ girl
⑩ boy
⑪ nose
⑫ head
⑬ hair
⑭ face
⑮ eye
⑯ ear
⑰ mouth
⑱ neck
⑲ hand
⑳ knee
㉑ leg

① おじいさん
② おばあさん
③ おとうさん
④ おかあさん
⑤ おねえさん・いもうと
⑥ おにいさん・おとうと
⑦ おんなのひと
⑧ おとこのひと
⑨ おんなのこ
⑩ おとこのこ
⑪ はな
⑫ あたま
⑬ かみのけ
⑭ かお
⑮ め
⑯ みみ
⑰ くち
⑱ くび
⑲ て
⑳ ひざ
㉑ あし

17

たんごじてん9 ようふく

① hat
② shirt
③ skirt
④ cap
⑤ sweater
⑥ pants
⑦ ribbon
⑧ dress
⑨ pajamas
⑩ handkerchief
⑪ coat
⑫ scarf
⑬ socks
⑭ shoes

① ぼうし
② シャツ
③ スカート
④ ぼうし（つばつきの）
⑤ セーター
⑥ ズボン
⑦ リボン
⑧ ドレス
⑨ パジャマ
⑩ ハンカチ
⑪ コート
⑫ マフラー
⑬ くつした
⑭ くつ

11 いえ・きょうしつ　たんごじてん10

① in a kitchen
② dish
③ spoon
④ fork
⑤ knife
⑥ chopsticks
⑦ glass
⑧ table
⑨ in my room
⑩ computer
⑪ clock
⑫ bed
⑬ pillow
⑭ blanket
⑮ box
⑯ in a bathroom
⑰ shower
⑱ bath
⑲ towel
⑳ basket
㉑ soap
㉒ toothbrush
㉓ in a classroom
㉔ window
㉕ mop
㉖ calligraphy
㉗ board
㉘ desk
㉙ chair

① だいどころで
② さら
③ スプーン
④ フォーク
⑤ ナイフ
⑥ はし
⑦ コップ
⑧ テーブル
⑨ じぶんのへやで
⑩ コンピューター
⑪ かけどけい
⑫ ベッド
⑬ まくら
⑭ もうふ
⑮ はこ
⑯ ふろばで
⑰ シャワー
⑱ ふろ
⑲ タオル
⑳ バスケット
㉑ せっけん
㉒ ハブラシ
㉓ きょうしつで
㉔ まど
㉕ モップ
㉖ しゅうじ
㉗ こくばん
㉘ つくえ
㉙ いす

19

たんごじてん11 しょくぎょう

① basketball player
② baseball player
③ volleyball player
④ soccer player
⑤ teacher
⑥ doctor
⑦ nurse
⑧ bus driver
⑨ singer
⑩ firefighter
⑪ cook
⑫ reporter
⑬ flight attendant
⑭ pilot
⑮ baker
⑯ dentist
⑰ homemaker
⑱ programmer
⑲ vet
⑳ carpenter

① バスケットボールせんしゅ
② やきゅうせんしゅ
③ バレーボールせんしゅ
④ サッカーせんしゅ
⑤ せんせい
⑥ いしゃ
⑦ かんごし
⑧ バスうんてんしゅ
⑨ かしゅ
⑩ しょうぼうし
⑪ りょうりにん
⑫ リポーター
⑬ きゃくしつじょうむいん
⑭ パイロット
⑮ パンや
⑯ はいしゃ
⑰ しゅふ
⑱ プログラマー
⑲ じゅうい
⑳ だいく

どうし① たんごじてん12

① wake up
② wear my shirt
③ wash my face
④ brush my teeth
⑤ eat breakfast
⑥ go to school
⑦ study English
⑧ play basketball
⑨ come home
⑩ watch TV
⑪ take a bath
⑫ go to bed

① おきる
② シャツをきる
③ かおをあらう
④ はをみがく
⑤ あさごはんをたべる
⑥ がっこうにいく
⑦ えいごをべんきょうする
⑧ バスケットボールをする
⑨ いえにかえる
⑩ テレビをみる
⑪ おふろにはいる
⑫ ねる

たんごじてん13 どうし②

① walk
② run
③ jump
④ sing
⑤ smile
⑥ cry
⑦ dance
⑧ swim
⑨ drink juice
⑩ ride a bicycle / ride a bike
⑪ sit down
⑫ stand up

① あるく
② はしる
③ ジャンプする
④ うたう
⑤ わらう
⑥ なく
⑦ おどる
⑧ およぐ
⑨ ジュースをのむ
⑩ じてんしゃにのる
⑪ すわる
⑫ たちあがる

どうし③ たんごじてん14

① read a book
② clean my room
③ play a video game
④ pick up a pen
⑤ open the door
⑥ close the door
⑦ have a headache
⑧ take off my shoes
⑨ draw a picture
⑩ take a picture
⑪ get on the bus
⑫ get off the bus

① ほんをよむ
② へやをそうじする
③ テレビゲームをする
④ ペンをひろう
⑤ ドアをあける
⑥ ドアをしめる
⑦ あたまがいたい
⑧ くつをぬぐ
⑨ えをかく
⑩ しゃしんをとる
⑪ バスにのる
⑫ バスをおりる

23

たんごじてん15 けいようし

① hot
② cold
③ big
④ small
⑤ happy
⑥ sad
⑦ angry
⑧ hungry
⑨ old
⑩ new
⑪ beautiful
⑫ ugly

① あつい
② さむい
③ おおきい
④ ちいさい
⑤ しあわせな・うれしい
⑥ かなしい
⑦ おこっている
⑧ おなかのすいている
⑨ ふるい
⑩ あたらしい
⑪ うつくしい
⑫ みにくい

あいさつ

はじめて人と会ったときや、友達や家族とのあいだでつかうことのできるあいさつを練習します。
言えるようになったらおうちの人にはなしかけてみましょう。

(1)

- It's nice to meet you.
 （はじめまして）
- Nice to meet you, too.
 （はじめまして）

(2)

- Hi, how are you?
 （やあ、げんき？）
- I'm fine, thank you.
 （げんきだよ）

(3)

① Good morning.（おはよう）
② Good afternoon.（こんにちは）
③ Good evening.（こんばんは）
④ Good night.（おやすみなさい）

(4)

- Thank you.
 （ありがとう）
- You're welcome.
 （どういたしまして）

25

会話じてん2 しょうかい・せつめい

自分のことをはなしたり、状況をつたえたり、
相手にものごとをたずねたりするときの言いかたをいくつか紹介します。
練習して言えるようになったらつかってみましょう。

(1)

- 🙂 I'm Ai. What's your name?
   （わたしはアイ。あなたのなまえは？）
- 😃 My name is Ken.
   （ぼくのなまえはケンだよ）

(2)

- 🙂 Do you have any pets?
   （ペットをかっていますか？）
- 😃 Yes, I have two dogs.
   （はい、いぬを2ひきかっています）

(3)

- 🙂 How's the weather today?
   （きょうのてんきはどう？）
- 😃 It's sunny and hot.
   （はれていてあついです）

(4)

- 🙂 What are you doing?
   （なにをしているの？）
- 😃 I'm dancing!
   （おどっているの！）

 **19 へんじのしかた①**

いろいろな場面でのへんじのしかたを学びます。
ここではふだんの生活のなかでつかうことの多い会話をとり上げました。
練習して言えるようになったら、おうちの人につかってみましょう。

(1)

😊 Here you are.
　（はいどうぞ）
😃 Thank you.
　（どうもありがとう）

(2)

😊 Are you hungry?
　（おなかへってる？）
😃 No, I'm full.
　（ううん、おなかいっぱい）

(3)

😊 What's for dinner?
　（ゆうごはんはなに？）
😃 Spaghetti.
　（スパゲッティよ）

(4)

😊 I'm home.
　（ただいま）
😃 Did you have a good day at school?
　（がっこうはたのしかった？）

27

会話じてん4 へんじのしかた②

へんじのしかたの続きです。
こんどはおうちの人や友達との会話をいくつかあげました。
ふだんの生活のなかで使えるように、CD を聞きながら練習しましょう。

(1)

😊 How about a snack?
（おやつはいる？）

😃 Great!
（やった！）

(2)

😊 Be quiet, all right.
（しずかにしてね）

😃 Yes, Mom.
（はい、おかあさん）

(3)

😊 Are you ready?
（じゅんびはいい？）

😃 No, not yet.
（ううん、まだ）

(4)

Yes 以外の「はい」の言い方

OK.

All right.

Sure.

No problem.

おねがいなど

会話じてん5

英検 Jr. の問題には、おねがいごとやたのみごとをあらわす会話表現がよくでてきます。
みんなは、会話のふんいきがわかるかな？

(1)

- Can you help me?
  （てつだってくれる？）
- OK!
  （いいよ！）

(2)

- May I come in?
  （はいってもいいですか？）
- Sure.
  （どうぞ）

(3)

- Look at these flowers.
  （これらのおはなをみて）
- Oh, they're pretty!
  （わあ、かわいいね！）

(4)

- Let's do it again.
  （もう1回やろう）
- OK!
  （うん！）

 絵にあう文は？

ひとつの絵に対して3つの英文が音声で流れます。そのなかから、絵に合う文をひとつ選ぶ問題です。

SAMPLE

●問題用紙
↓

(1)

●音声
↓

1　I have two **cats**.
2　I have two **rabbits**.
3　I have two **dogs**.

 **聞きとりポイント！**
日常生活でよく使う単語を聞きとれるようになりましょう。

1	2	3
○		

※実際の問題はカラーで印刷されています。

なほ先生

●問題文に使われるのは基本的な表現です●
絵と問題文のなかの英語の一語がつながれば答えがわかります。日常生活でよく使う単語のほか、単数や複数（a .../...s の単語の音）や one から ten の数の音も聞きとれるように練習しましょう。

●学んでおくとよい語い分野
食べもの、色、数、持ちものや洋服、体の部分、身のまわりのもの　など

1 絵にあう文は？

(1)

1	2	3

(2)

1	2	3

(3)

1	2	3

1 絵にあう文は？

(4)

1	2	3

(5)

1	2	3

(6)

1	2	3

1 絵にあう文は？

(7)

1	2	3

(8)

1	2	3

(9)

1	2	3

 **1 絵にあう文は？**

(10)

1	2	3

(11)

1	2	3

(12)

1	2	3

 **1 絵にあう文は？**

(13)

1	2	3

(14)

1	2	3

(15)

1	2	3

 **1 絵にあう文は？**

(16)

1	2	3

(17)

1	2	3

(18)

1	2	3

2 Yesか? Noか?

絵のなかのひとりが質問をし、もうひとりがその質問に対して3つの返事をします。そのなかから、絵に合っていると思う文をひとつ選ぶ問題です。

SAMPLE

●問題用紙
↓
(1)

●音声
↓

Dad: Do you like **fish**?
Boy: 1 **Yes**, I do.
　　　2 No, I like **salad**.
　　　3 No, I like **spaghetti**.

聞きとりポイント！
答えのなかから絵と合う単語を聞きとりましょう。

1	2	3
○		

※実際の問題はカラーで印刷されています。

なほ先生

●絵のなかのポイントとなる単語を聞きとることが大切です●
日常生活で使う基本的な疑問文、Do you ...? / Are you ...? / Can you ...? / Is this(that) ...? を使って質問をしながら、Yes / No の簡単な応答ができるよう、表現に慣れさせておくといいですね。

●学んでおくとよい語い分野
　数、食べもの、持ちものや洋服、身のまわりのもの、色、形　など

37

28 2 Yesか？ Noか？

(1)

1	2	3

(2)

1	2	3

(3)

1	2	3

2 Yesか? Noか?

(4)

1	2	3

(5)

1	2	3

(6)

1	2	3

2 Yesか？ Noか？

(7)

1	2	3

(8)

1	2	3

(9)

1	2	3

31　2 Yesか？ Noか？

(10)

1	2	3

(11)

1	2	3

(12)

1	2	3

32　2 Yesか? Noか?

(13)

1	2	3

(14)

1	2	3

(15)

1	2	3

2 Yesか？ Noか？

(16)

1	2	3

(17)

1	2	3

(18)

1	2	3

3 スリーヒントクイズ

聞こえてくる３つのヒントを聞き、絵のなかの誰が話しているかを推測して答える、なぞなぞのような問題です。

SAMPLE

●問題用紙

●音声

I'm **happy**.
I'm **running**.
I'm **white**.
What am I?
（２回読みます）

聞きとりポイント！
３つのヒントのキーワードを総合して合う絵を選びます。

(1)

1	2	3	4	5	6
	○				

※実際の問題はカラーで印刷されています。

なほ先生

●ヒントを最後まで聞いて答えましょう●
絵のなかの「動作・持ちもの・体の特徴・色・数」などを聞きとるのがポイントです。６つの絵のなかには、ふたつ、どの問題にもあてはまらないものが出てくるので、３つの文を最後まで集中して聞くことが大切です。

●学んでおくとよい語い分野
基本的な動作動詞、色、形、持ちもの、洋服、身のまわりのもの　など

🎵 34　　　3 スリーヒントクイズ

(1)	1	2	3	4	5	6

(2)	1	2	3	4	5	6

(3)	1	2	3	4	5	6

(4)	1	2	3	4	5	6

3 スリーヒントクイズ

CD 35

(5)	1	2	3	4	5	6

(6)	1	2	3	4	5	6

(7)	1	2	3	4	5	6

(8)	1	2	3	4	5	6

3 スリーヒントクイズ

CD 36

(9)	1	2	3	4	5	6

(10)	1	2	3	4	5	6

(11)	1	2	3	4	5	6

(12)	1	2	3	4	5	6

3 スリーヒントクイズ

	1	2	3	4	5	6
(13)						
(14)						
(15)						
(16)						

4 文にあう絵は？

ひとつの場面につき3枚の絵があり、ひとつの短い文が音声で流れます。その内容に合っている絵を選ぶ問題です。場面は全部で4つあります。

SAMPLE

●問題用紙
↓
(1)

●音声
↓
Daisuke **walks** home after school.
（2回読みます）

聞きとりポイント！
絵の違いに注意して、キーワードを聞きとりましょう。

1	2	3
○		

※実際の問題はカラーで印刷されています。

えりあ先生

●4場面でひとつのお話になっています●
場面の流れを考えながら、キーワードをしっかり聞きとりましょう。同時に、動作や数の違い、ものの名前など横3枚のイラストをよく見比べます。どこが違うかその違いに気がつくことが大切です。

●**学んでおくとよい語い分野**
身のまわりのもの、基本的な動作動詞、乗りもの、場所、天候、遊びや趣味、気持ちの表現　など

38 ④ 文にあう絵は？

(1)

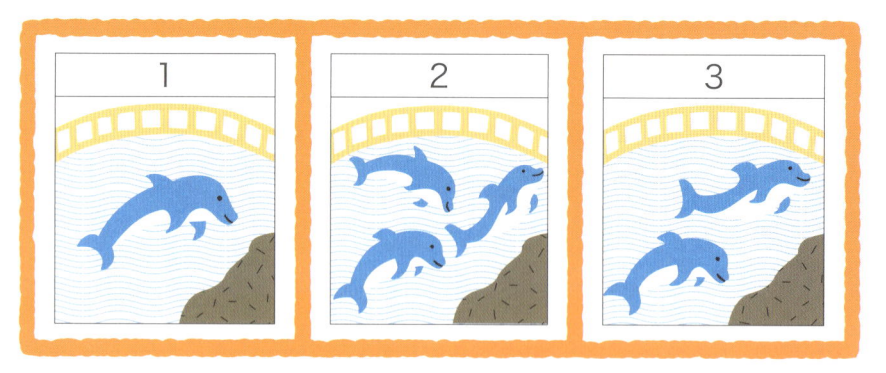

1	2	3

(2)

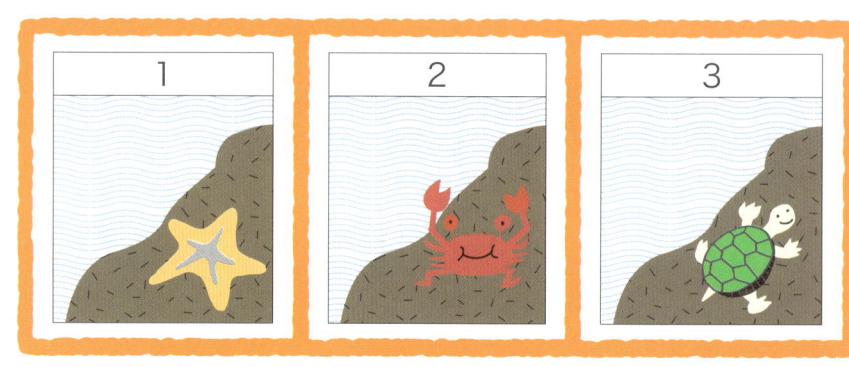

1	2	3

(3)

1	2	3

(4)

1	2	3

4 文にあう絵は？

(5)

(6)

(7)

(8)

4 文にあう絵は？

(9)

(10)

(11)

(12)

41　　　4 文にあう絵は？

(13)

1	2	3

(14)

1	2	3

(15)

1	2	3

(16)

1	2	3

5 お話にあう絵は？

ふたりの会話が音声で流れます。その内容に合っている絵を4枚のなかから1枚選ぶ問題です。4枚の絵につき、会話は全部で3つ流れます。

SAMPLE

●問題用紙
↓

●音声
↓

Boy: **Can I turn on the TV?**
Mom: **Yes, you can.**
（2回読みます）

聞きとりポイント！
あいさつや基本的な会話表現が問題になっています。

(1)

1	2	3	4
		○	

※実際の問題はカラーで印刷されています。

えりあ先生

●日常的に会話の練習をこころがけましょう●
あいさつや天気、時間の言い方、人にたずねたりお願いしたりといった場面によって決まっているフレーズは、どんどん使って身につけましょう。

●学んでおくとよい語い分野
あいさつや依頼などのやりとり、天候、時間、気持ちの表現、基本的な動作動詞　な

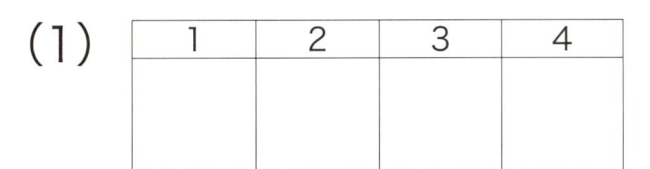

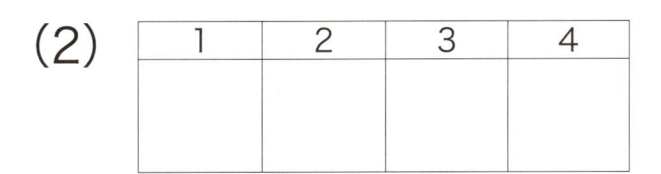

5 お話にあう絵は？

CD 42

(1)	1	2	3	4

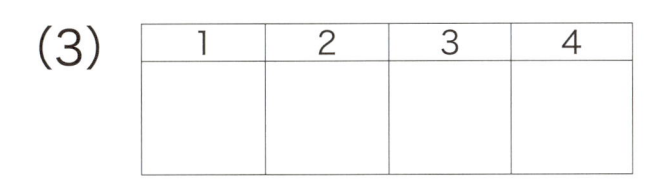

(2)	1	2	3	4

(3)	1	2	3	4

5 お話にあう絵は？

CD 43

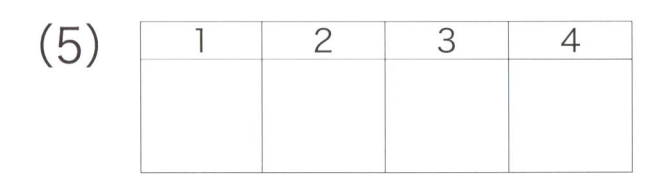

	1	2	3	4
(4)				

	1	2	3	4
(5)				

	1	2	3	4
(6)				

44　5 お話にあう絵は？

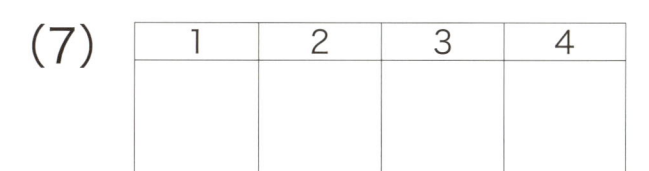

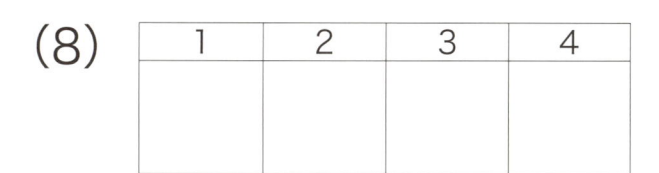

(7)
1	2	3	4

(8)
1	2	3	4

(9)
1	2	3	4

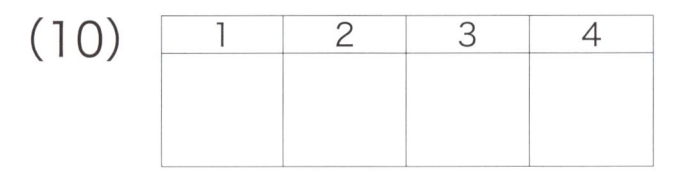

5 お話にあう絵は？

1	2
3	4

(10)

1	2	3	4

(11)

1	2	3	4

(12)

1	2	3	4

CD 46

5 お話にあう絵は？

(13)
1	2	3	4

(14)
1	2	3	4

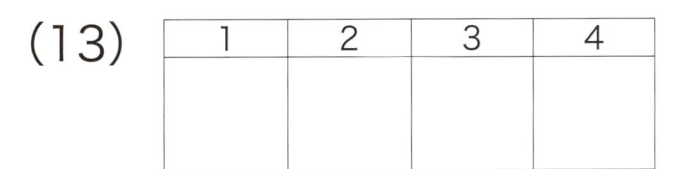

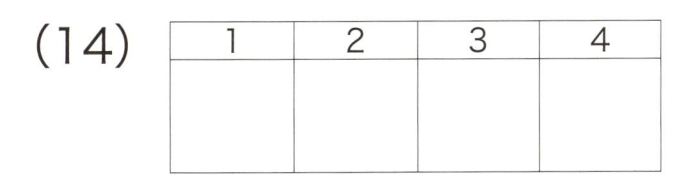

(15)
1	2	3	4

6 みんなにきいてみよう

4人の子どもたちへのそれぞれの質問に対する返事を聞いて、その返事の内容に合う絵を吹き出しのなかから選ぶ問題です。

SAMPLE

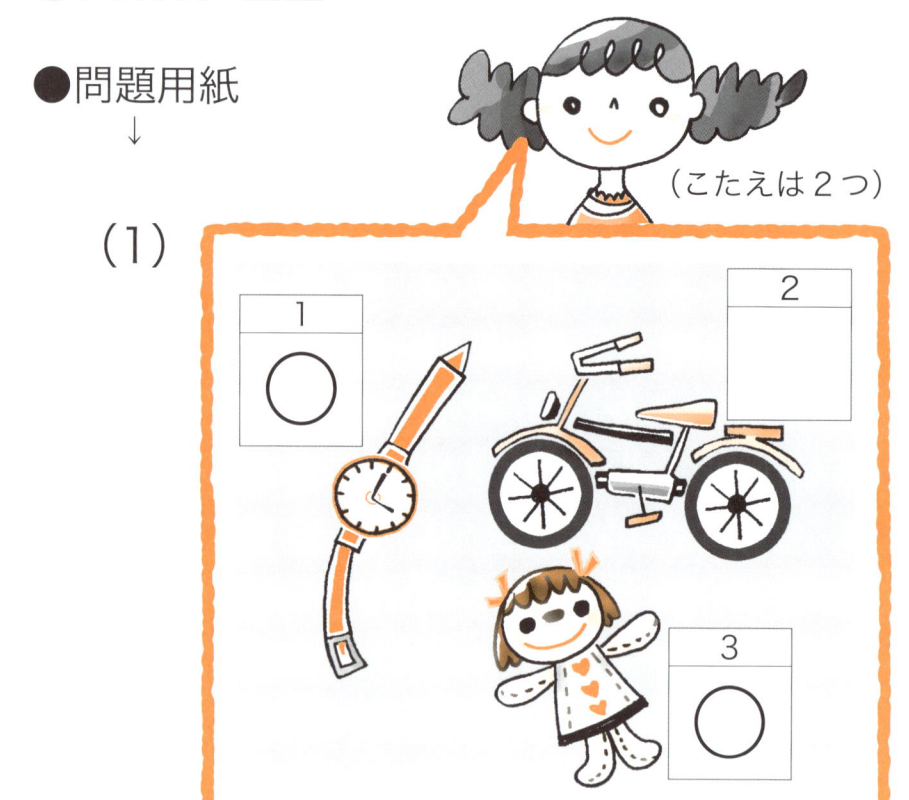

●問題用紙
↓

(1)　（こたえは2つ）

1　○
2　○
3　○

●音声
↓

Mom: **What** do you want, Yuki?
Yuki: I want **a watch** and **a doll**.
（2回読みます）

聞きとりポイント！
答えの数を確認しながら、聞くようにしましょう。

※実際の問題はカラーで印刷されています。

なほ先生

●答えの数の指示もきちんと見て答えましょう●
「こたえは2つ」「こたえは3つ」のように、答えの数の指示がありますから、数を間違えないように絵を選ぶことが大切です。「A and B」、「A, B and C」の英語の部分をしっかりと聞かせましょう。

●学んでおくとよい語い分野
食べもの、持ちもの、身のまわりのもの、スポーツ、動物、色や形　など

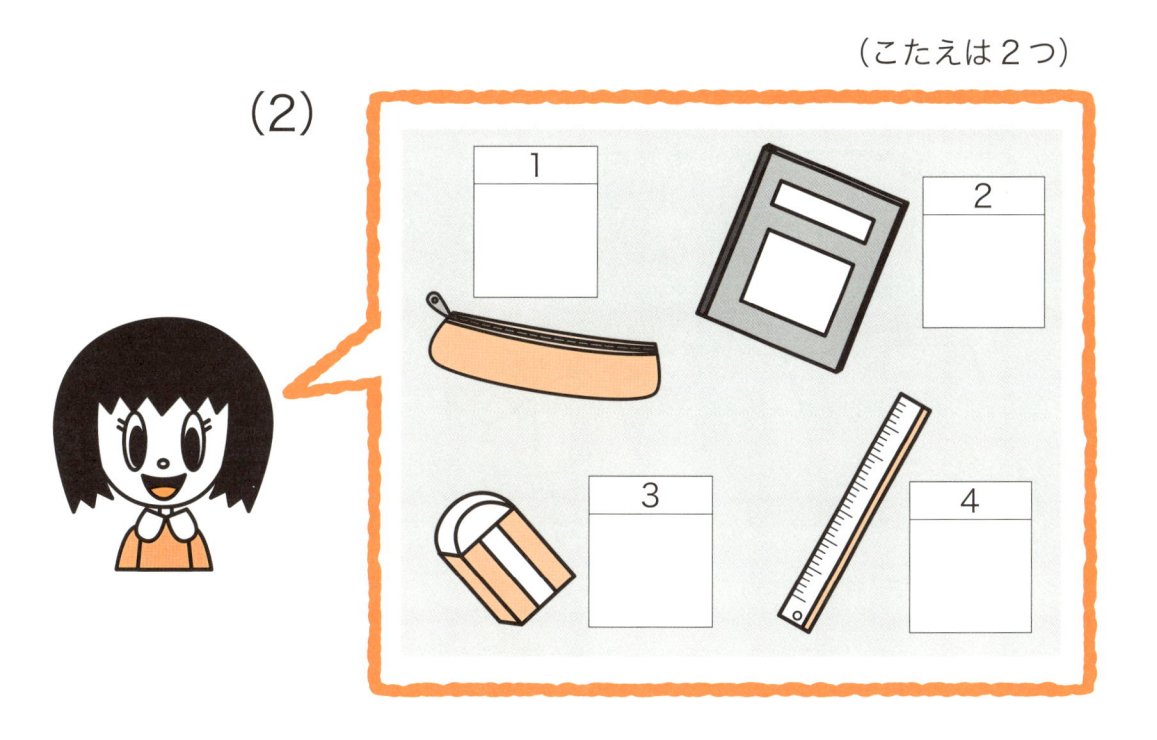

6 みんなにきいてみよう

(1) （こたえは2つ）

(2) （こたえは2つ）

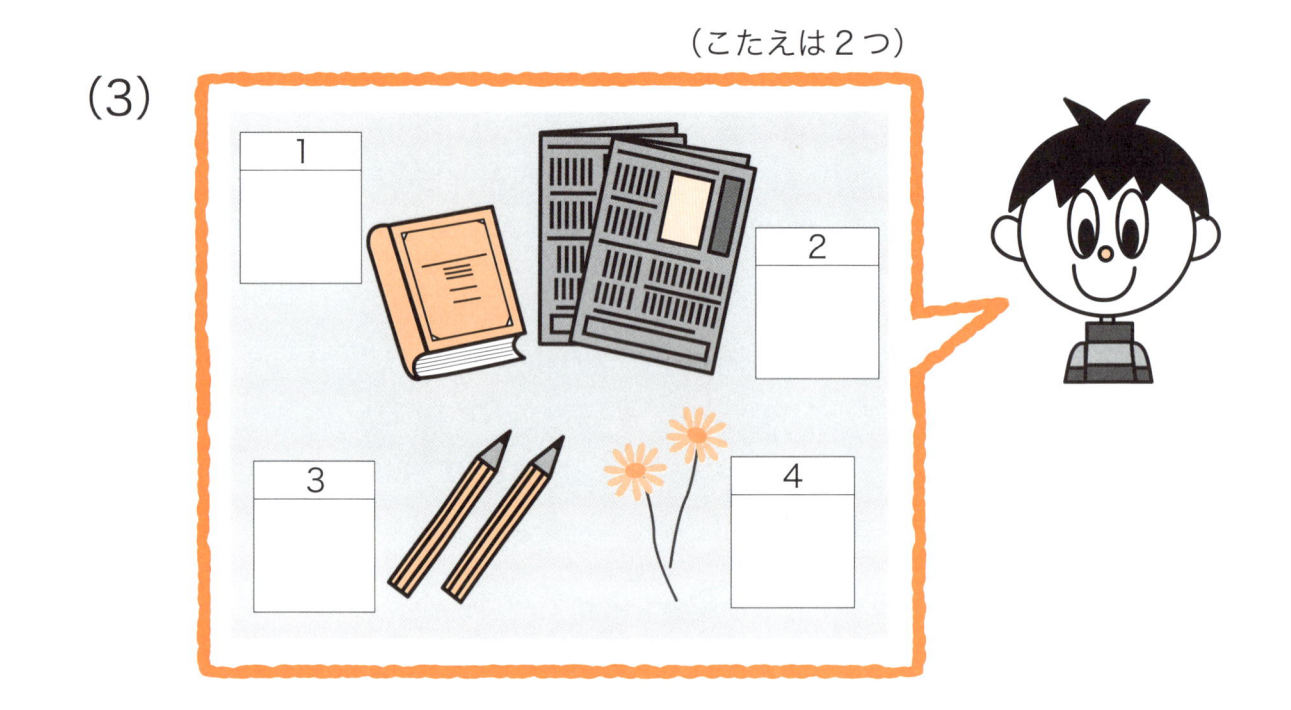

6 みんなにきいてみよう

(3) （こたえは2つ）

(4) （こたえは3つ）

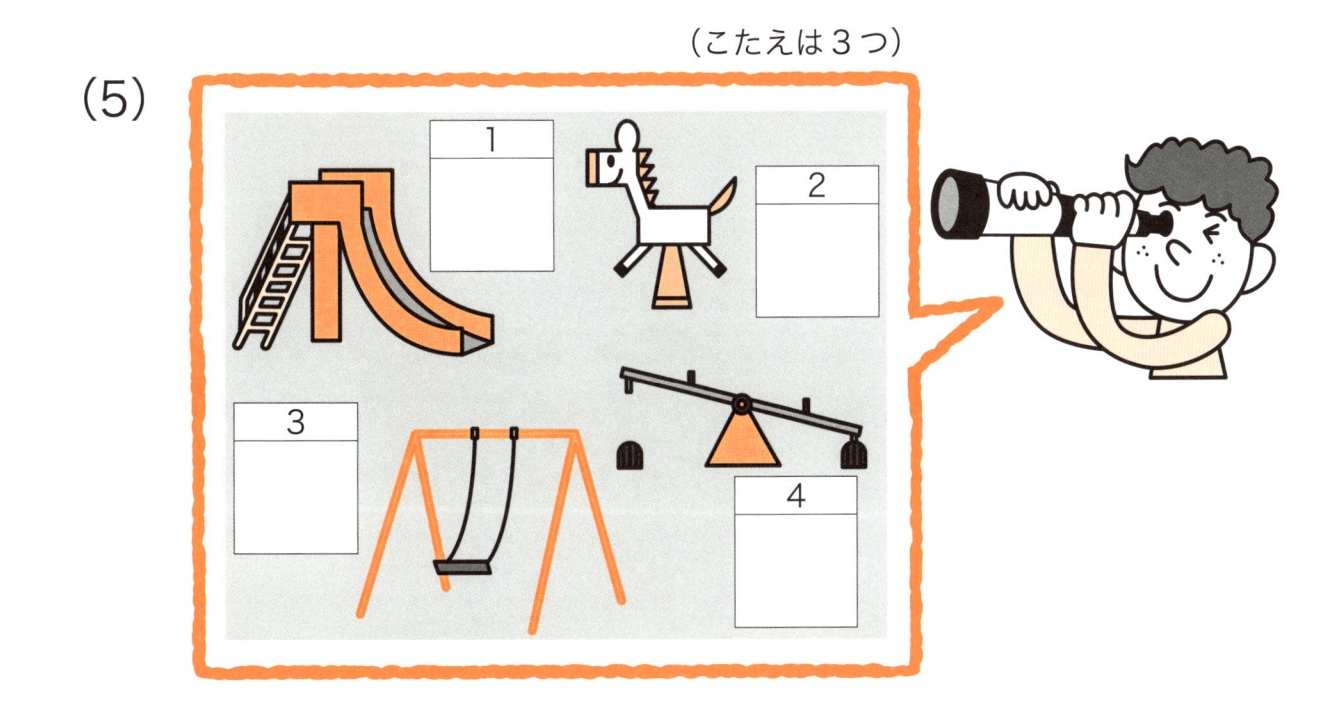

49　6 みんなにきいてみよう

(5) （こたえは3つ）

(6) （こたえは2つ）

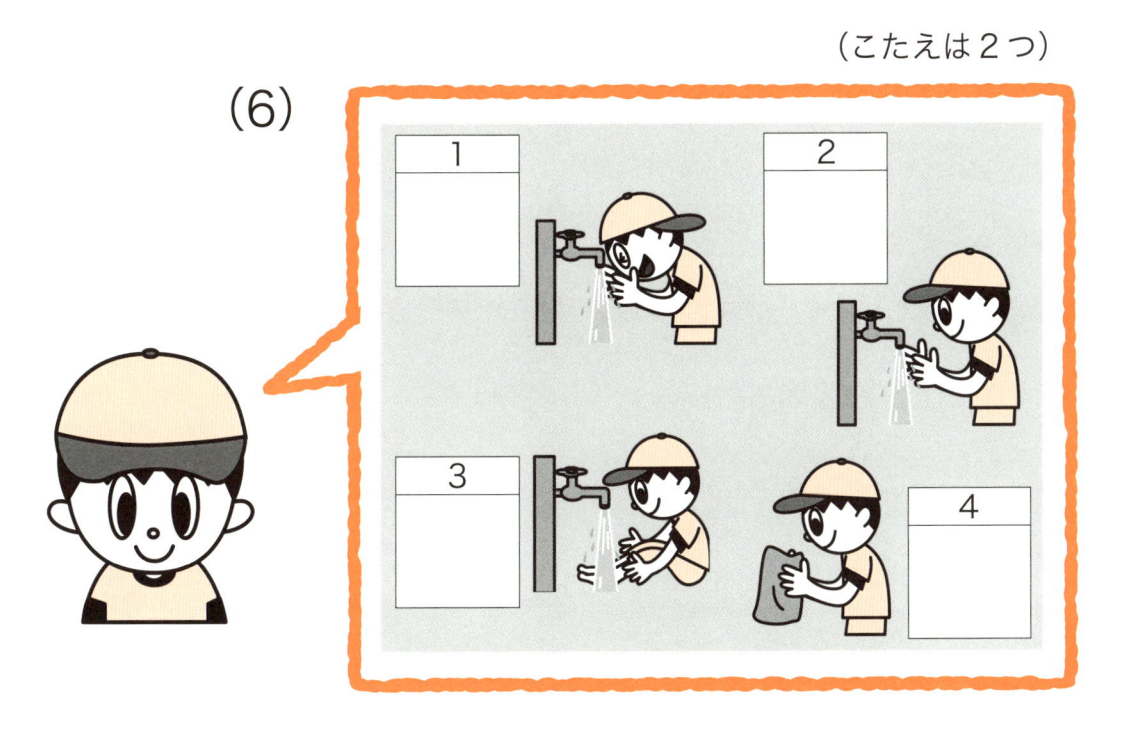

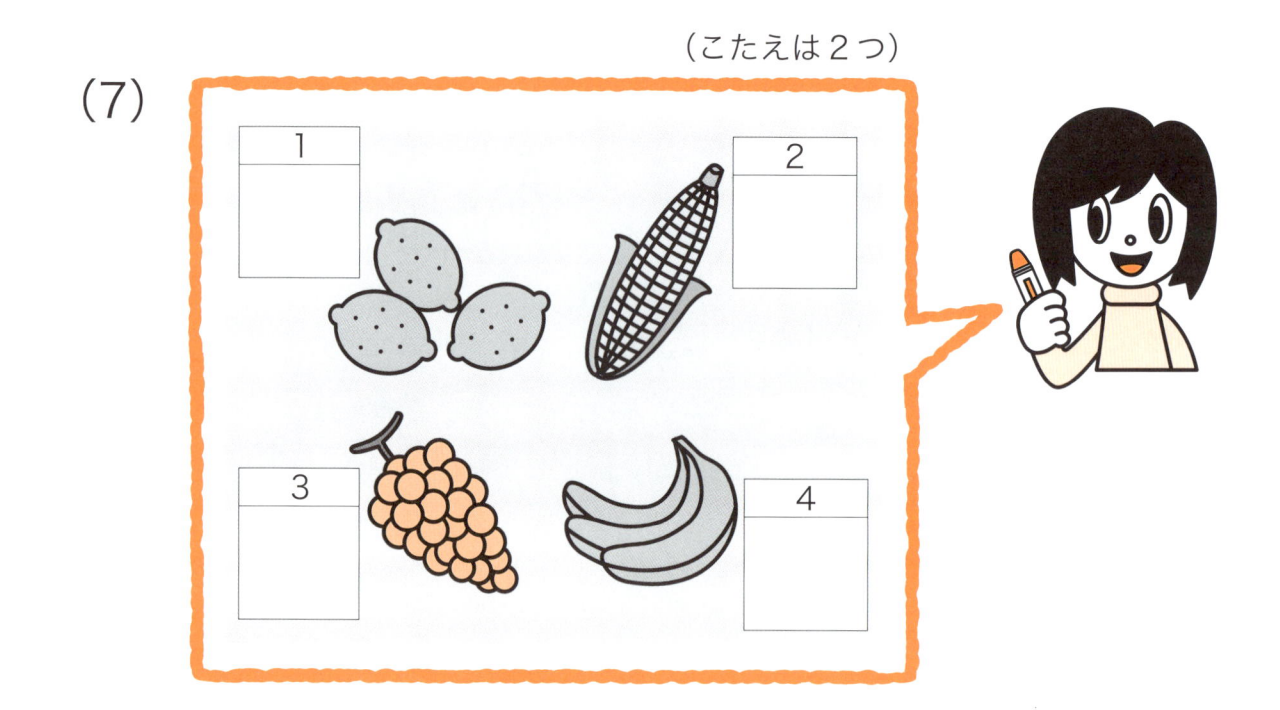

50 6 みんなにきいてみよう

(7) （こたえは2つ）

(8) （こたえは1つ）

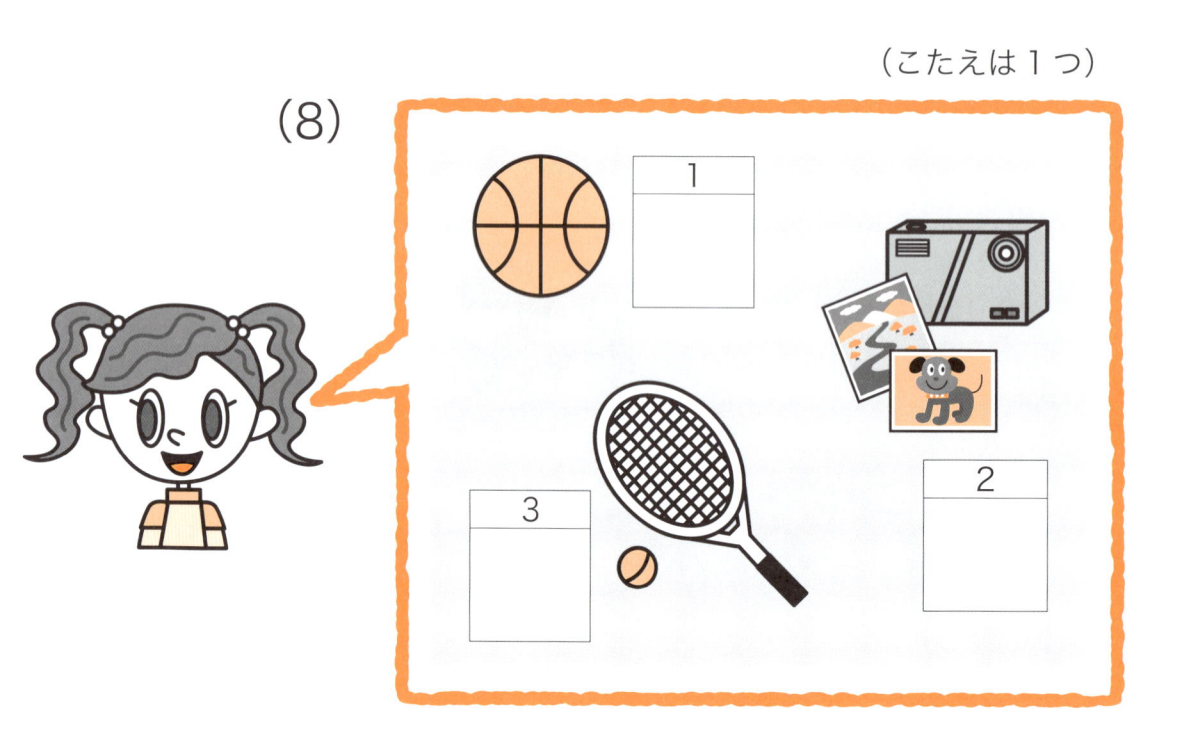

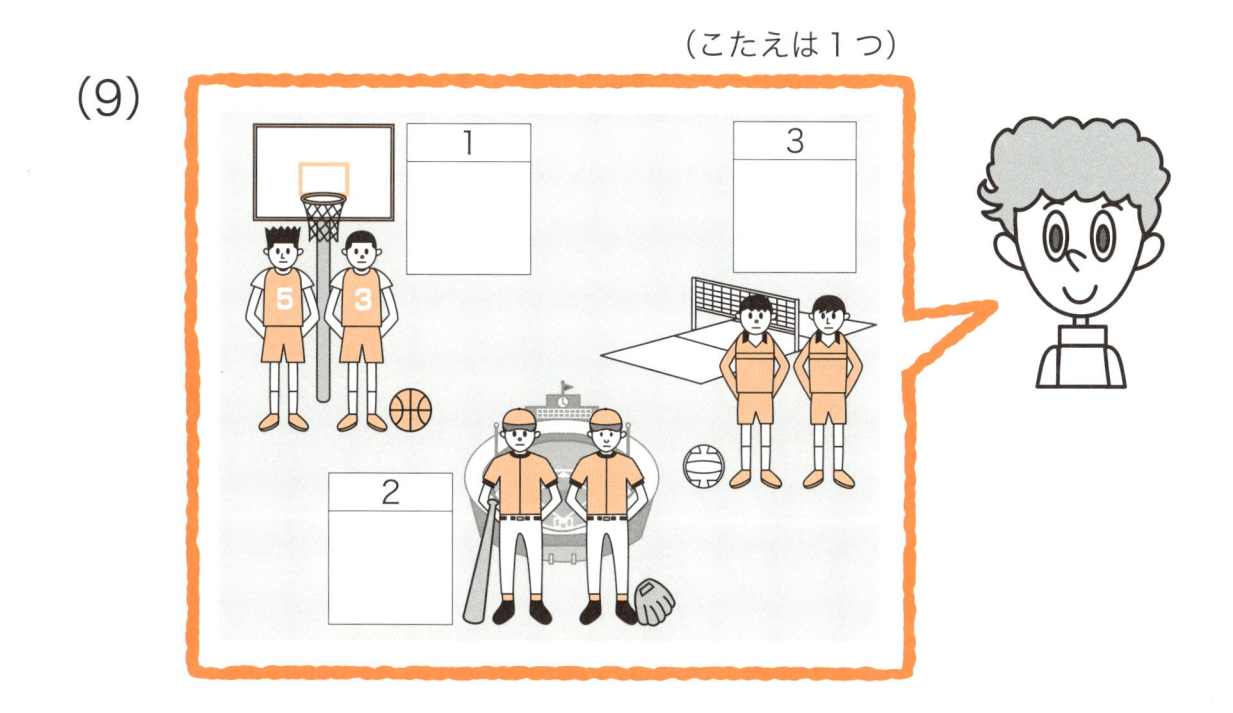

51 6 みんなにきいてみよう

(9) （こたえは1つ）

(10) （こたえは2つ）

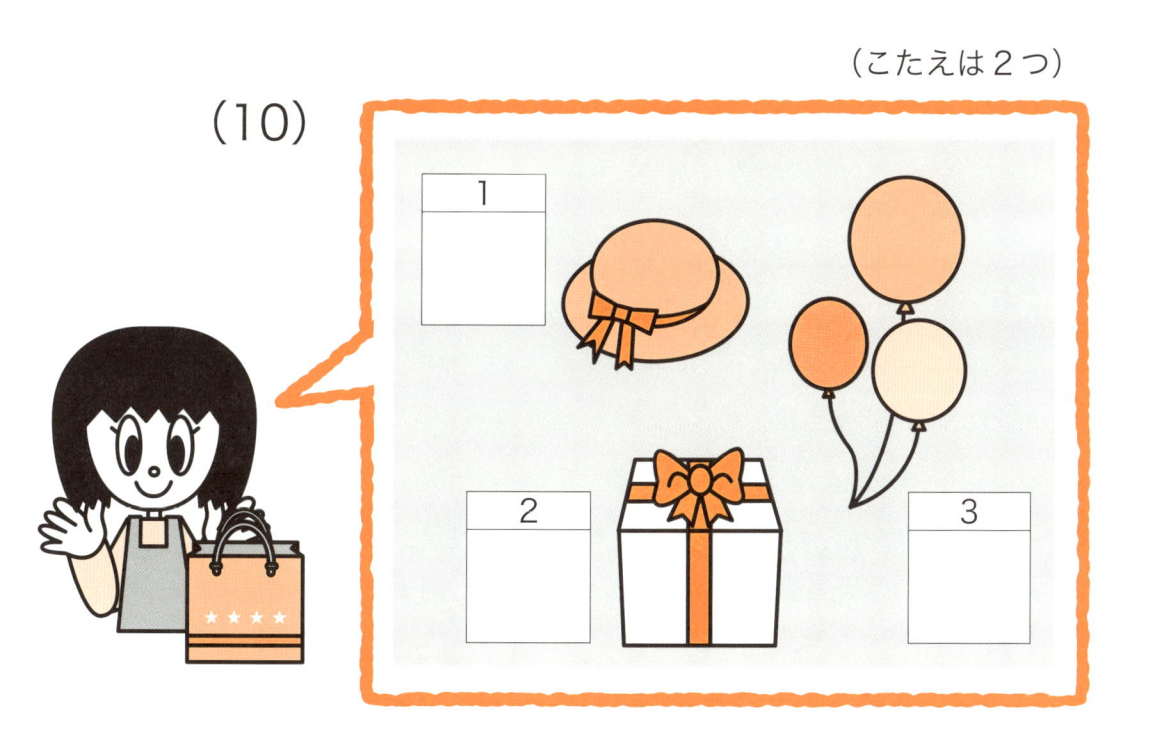

7 どうすればいいかな？

お母さんや先生がお願いごとをし、それに子どもたちが答える会話が音声で流れます。
その内容に合っている絵を6枚の絵のなかから選ぶ問題です。

SAMPLE

●問題用紙
↓

●音声
↓

Mom: **Can you clean the window?**
Girl:　**Sure.**
（2回読みます）

聞きとりポイント！
「話しかけ」の文の動作をよく聞きとりましょう。

(1)

1	2	3	4	5	6
○					

※実際の問題はカラーで印刷されています。

えりあ先生

●何をしたらいいのかをよく聞いて答えましょう●
子どもたちの答えが絵になっていますので、何をしているのかよく観察して答えを選びましょう。

●学んでおくとよい語い分野
あいさつや依頼などのやりとり、基本的な動作動詞　など

7 どうすればいいかな？

(1)
1	2	3	4	5	6

(2)
1	2	3	4	5	6

(3)
1	2	3	4	5	6

(4)
1	2	3	4	5	6

(5)
1	2	3	4	5	6

7 どうすればいいかな？

	1	2	3	4	5	6
(6)						
(7)						
(8)						
(9)						
(10)						

7 どうすればいいかな？

CD 54

	1	2	3	4	5	6
(11)						

	1	2	3	4	5	6
(12)						

	1	2	3	4	5	6
(13)						

	1	2	3	4	5	6
(14)						

	1	2	3	4	5	6
(15)						

7 どうすればいいかな？

CD 55

	1	2	3	4	5	6
(16)						

	1	2	3	4	5	6
(17)						

	1	2	3	4	5	6
(18)						

	1	2	3	4	5	6
(19)						

	1	2	3	4	5	6
(20)						

英検Jr.の基礎知識

●英検Jr.の目的

　公益財団法人 日本英語検定協会が主催する「英検Jr.」は、英語に親しみや興味、関心をもち、積極的に英語を使ってコミュニケーションを楽しむ児童の育成を目的としています。「BRONZE（ブロンズ）」「SILVER（シルバー）」「GOLD（ゴールド）」の3つのグレードがあり、問題で使用される語句や表現、場面や話題設定は、児童の発達段階や年齢、生活範囲などに合わせてグレードごとに細かく設定されています。

●英検Jr.の特長

（1）オールリスニング形式・簡単な解答方法
（2）合否がない「育成型」テスト
（3）バラエティーに富んだ出題形式
（4）オールカラーで楽しいイメージのイラスト
（5）参加型の主観問題「チャレンジコーナー」
（6）小学校の外国語活動を意識した問題設定（ブロンズ）
（7）全国規模で実施する客観性の高いデータ

「SILVER（シルバー）」受験対象者のめやす
・BRONZEを受験して全問題の80％以上を正答できた児童
・英会話スクールなどでの学習経験が1年～2年程度
・小学校での英語学習経験が2年～3年半程度
・文字の学習経験が1年～2年程度

「GOLD（ゴールド）」受験対象者のめやす
・SILVERを受験して全問題の80％以上を正答できた児童
・英会話スクールなどでの学習経験が2年～3年程度
・小学校での英語学習経験が3年半～5年程度
・文字の学習経験が2年～3年程度

※学習年数は週1回50分のレッスンを受けている場合をめやすとする
※BRONZE（ブロンズ）受験対象者のめやすは6ページに掲載

各グレードの出題内容

BRONZE

小問数(大問数)	40問(7問)	テスト時間	約30分	
到達目標	1)英語の音やリズムに慣れ親しむ 2)初歩的なコミュニケーションに必要な語句や簡単な表現を聞き、理解する			
出題のねらい (テスト分野)	語句	○	定型表現や基本文中の名詞、形容詞、動詞の聞きとり	
	会話	○	あいさつや、動詞を含んだ初歩的な会話(1往復)の聞きとり	
	文章	○	簡単で短い1〜3文の聞きとり	
	文字	−	−	
主な話題・場面	日常生活(家庭、学校など)での身近なできごと、家族・先生・友人との交流、朝起きてから寝るまでにすること、毎日の生活に欠かせないこと、児童の興味や関心のあることなど			
主な言語材料	語い分野	食べもの、動物、色、時や天候、数、体の部分、乗りもの、日常生活の基本的な動作など		
	ことばのはたらき	物事の確認、紹介、同意、あいさつ、好き嫌い、感謝、依頼など		

SILVER　※印の項目にはBRONZEの内容が加わります

小問数(大問数)	45問(9問)	テスト時間	約35分	
到達目標	1)日常生活での身近な事柄に関する簡単な語句や表現を聞き、理解する 　それに対して簡単に応答する 2)簡単な会話や文をいくつか聞き、そのなかにある情報を理解する 3)文字と音声の結びつきに関心をもつ			
※ 出題のねらい (テスト分野)	語句	○	定型表現や基本文中の前置詞の聞きとり、いろいろな文のなかの名詞、形容詞、動詞の聞きとり、カテゴリー別複数単語の聞きとり	
	会話	○	話しかけに対する応答選択や簡単で短い会話(2〜3往復)の聞きとり	
	文章	○	簡単で短い文章(2〜3文)の聞きとり、否定文や疑問文の聞きとりと応答	
	文字	○	アルファベットと音声の結びつき・簡単で短い単語の認識	
※ 主な話題・場面	身近な社会生活(近隣地域)でのできごと、はじめて会う人や外国人との交流、学校で習うことや課外活動、児童の生活での一般的な知識など			
※ 主な言語材料	語い分野	趣味、スポーツ、余暇、店や公共施設、学校施設や学用品、行事やクラブ活動、近隣にあるもの、ものの性質や状態に関することば、遊びに関する動作など		
	ことばのはたらき	願望、義務、意志、選択、感情、提案、電話での応答など		

GOLD ※印の項目にはSILVERの内容が加わります

小問数(大問数)	50問(9問)	テスト時間	約45分
到達目標	\\multicolumn{3}{l}{1) 日常生活での身近な事柄に関する語句や表現を聞き、理解する 　それに対して質問したり応答したりする 2) まとまった会話や文章を聞き、そのなかの情報を理解し、その場面状況を 　判断したり要旨を把握したりする 3) 身の回りの語句や簡単で短い文を読む}		

※ 出題のねらい (テスト分野)	語句	○	いろいろな文のなかでの語句の聞きとり
	会話	○	簡単でまとまった会話(3往復以上)の聞きとり
	文章	○	つながりのある複数の文(3文以上)の聞きとり、5W1Hによる疑問文の応答、質問文の投げかけ
	文字	○	基本的な語句や簡単で短い文の認識

※ 主な話題・場面	日本や外国の身近な話題・行事・文化、海外旅行、身近な社会活動、夢や将来のこと、ボランティアなどの課外活動、架空のものや物語、問題を解決することなど

※ 主な言語材料	語い分野	程度や数量に関することば、職業、海外の生活や旅行先で必要なもの、自然環境、身近な社会生活に関するもの、日本や外国の文化に関するものなど
	ことばのはたらき	個人的印象、例示、感情伝達、自分の考え・見込み、意見の交換など

公益財団法人 日本英語検定協会「英検Jr.ガイド」より

●英検Jr.の受験方法

パソコンで受験するオンライン版と、冊子上で解答するペーパー版の2種類がある。
テストのレベルや形式はいずれも同じ。

<オンライン版：個人受験、グループ受験>

個人またはグループで1名から申し込み可能。家庭や教室など、パソコンおよびインターネット環境があればどこでも受験でき、申し込みから3カ月以内に受験する(1回のみ)。
申し込みにはウェブサイトからの会員登録が必要。

・実施月：いつでも申し込み・受験が可能。
・受験料(税込)：BRONZE 2,300円、SILVER 2,500円、GOLD 2,700円
・解答方法：マウスを使って画面上で解答を選択。

<ペーパー版：グループ受験>

申し込み人数5名以上で実施可能。申し込み責任者が指定した日時(実施期間1週間のなかで任意)に、設定会場でおこなう。責任者は事前にグループ会場登録が必要(ウェブサイト参照)。

・実施月：6月、10月(11月)、2月(1月)
・受験料(税込)：BRONZE 2,500円、SILVER 2,700円、GOLD 2,900円
・解答用紙の記入方法：問題冊子に直接○を書き込む。

●お申し込み、お問い合わせ先

公益財団法人 日本英語検定協会　英検サービスセンター　英検Jr.係
電話：03-3266-6463　FAX：03-3266-6131

問題のこたえと問題文

※CDに収録している問題の冒頭で流れる「答え方の案内」は、最新の試験中ナレーション、オンライン版とペーパー版で一部異なる場合があります。

1 絵にあう文は？

31ページ ------------------------------
こたえ
（1）3　（2）2　（3）1

音声●CD22

（1）
1　This is a hippopotamus.
　（これはカバです）
2　This is a sheep.
　（これはひつじです）
3　This is a horse.
　（これはうまです）

（2）
1　I want a sticker.
　（ぼくはシールがほしいです）
2　I want a book.
　（ぼくは本がほしいです）
3　I want a crayon.
　（ぼくはクレヨンがほしいです）

（3）
1　I have two pineapples.
　（ぼくは2個パイナップルを持っています）
2　I have two pears.
　（ぼくは2個洋梨を持っています）
3　I have two oranges.
　（ぼくは2個オレンジを持っています）

32ページ ------------------------------
こたえ
（4）3　（5）2　（6）1

音声●CD23

（4）
1　I use a knife.
　（私はナイフを使います）
2　I use a spoon.
　（私はスプーンを使います）
3　I use chopsticks.
　（私はおはしを使います）

（5）
1　I need a circle.
　（ぼくは丸が必要です）
2　I need a rectangle.
　（ぼくは長方形が必要です）
3　I need a square.
　（ぼくは正方形が必要です）

（6）
1　I play the violin.
　（私はバイオリンを弾きます）
2　I play the guitar.
　（私はギターを弾きます）
3　I play the harmonica.
　（私はハーモニカを弾きます）

33ページ ------------------------------
こたえ
（7）2　（8）1　（9）3

音声●CD24

（7）
1　I live near the supermarket.
　（ぼくはスーパーマーケットの近くに住んでいます）
2　I live near the farm.
　（ぼくは農場の近くに住んでいます）
3　I live near the station.
　（ぼくは駅の近くに住んでいます）

（8）
1　It's sunny.
　（晴れです）
2　It's rainy.
　（雨です）
3　It's snowy.
　（雪です）

（9）
1　It's a fire engine.
　（それは消防車です）
2　It's a bus.
　（それはバスです）
3　It's a rocket.
　（それはロケットです）

34ページ ------------------------------
こたえ
（10）2　（11）2　（12）1

音声●CD25

（10）
1　This is my grandmother.
　（私のおばあさんです）
2　This is my grandfather.
　（私のおじいさんです）

3 This is my sister.
（私のお姉さん／妹です）

(11)
1 There's a towel.
（タオルがあります）
2 There's a toothbrush.
（ハブラシがあります）
3 There's a basket.
（バスケットがあります）

(12)
1 These are cucumbers.
（これらはきゅうりです）
2 These are eggplants.
（これらはなすです）
3 These are tomatoes.
（これらはトマトです）

35ページ
こたえ

(13) 2　(14) 2　(15) 3

音声●CD26

(13)
1 There are many clocks.
（たくさんのかけ時計があります）
2 There are many computers.
（たくさんのコンピューターがあります）
3 There are many boxes.
（たくさんの箱があります）

(14)
1 I'm 8 years old.
（ぼくは8歳です）
2 I'm 3 years old.
（ぼくは3歳です）
3 I'm 7 years old.
（ぼくは7歳です）

(15)
1 We're at the bus stop.
（私たちはバス停にいます）
2 We're at the department store.
（私たちはデパートにいます）
3 We're at the museum.
（私たちは美術館にいます）

36ページ
こたえ

(16) 1　(17) 2　(18) 3

音声●CD27

(16)
1 I take off my shoes.
（私はくつを脱ぎます）
2 I take off my cap.
（私はぼうしを脱ぎます）
3 I take off my shirt.
（私はシャツを脱ぎます）

(17)
1 I'll bring my ball.
（ぼくはボールを持ってきます）
2 I'll bring my jump rope.
（ぼくはなわとびを持ってきます）
3 I'll bring my cards.
（ぼくはトランプを持ってきます）

(18)
1 I'll put my bag on the bed.
（私はベッドの上にかばんを置きます）
2 I'll put my bag on the chair.
（私はイスの上にかばんを置きます）
3 I'll put my bag on the table.
（私はテーブルの上にかばんを置きます）

2 Yesか？ Noか？

38ページ
こたえ

(1) 1　(2) 3　(3) 1

音声●CD28

(1)
Do you like snakes?
（へびは好き？）
1 Yes, I do.
（うん、好き）
2 No, I like monkeys.
（ううん、ぼくはさるが好き）
3 No, I like hamsters.
（ううん、ぼくはハムスターが好き）

(2)
Do you like French fries?
（フライドポテトは好きですか？）
1 Yes, I do.
（はい、好きです）
2 No, I like hot dogs.
（いいえ、私はホットドッグが好きです）

3 No, I like sandwiches.
 （いいえ、私はサンドイッチが好きです）

（3）
Do you want some milk?
（牛乳がほしいですか？）
1 Yes, I do.
 （はい、ほしいです）
2 No, I want some water.
 （いいえ、お水がほしいです）
3 No, I want some cola.
 （いいえ、コーラがほしいです）

39ページ
こたえ
（4）2　（5）2　（6）2

音声●CD29
（4）
Do you want a triangle cookie?
（三角のクッキーがほしい？）
1 Yes, I do.
 （うん、ほしい）
2 No, I want a heart cookie.
 （ううん、ハート形のクッキーがほしい）
3 No, I want a diamond cookie.
 （ううん、ひし形のクッキーがほしい）

（5）
Do you have a handkerchief?
（ハンカチを持っている？）
1 Yes, I do.
 （うん、持っているよ）
2 No, I have a cap.
 （ううん、ぼうしを持っているよ）
3 No, I have a scarf.
 （ううん、マフラーを持っているよ）

（6）
Do you need crayons?
（クレヨンはいる？）
1 Yes, I do.
 （うん、いる）
2 No, I need scissors.
 （ううん、ハサミがいるの）
3 No, I need pencils.
 （ううん、えんぴつがいるの）

40ページ
こたえ
（7）2　（8）1　（9）1

音声●CD30
（7）
Do you see a library?
（図書館は見える？）
1 Yes, I do.
 （うん、見えるよ）
2 No, I see a hospital.
 （ううん、病院が見えるよ）
3 No, I see a restaurant.
 （ううん、レストランが見えるよ）

（8）
Can you ride a unicycle?
（一輪車に乗れる？）
1 Yes, I can.
 （うん、乗れるよ）
2 No, I can ride a bicycle.
 （ううん、ぼくは自転車に乗れるよ）
3 No, I can ride a pony.
 （ううん、ぼくは子馬に乗れるよ）

（9）
Are you a firefighter?
（あなたは消防士ですか？）
1 Yes, I am.
 （うん、そうだよ）
2 No, I'm a nurse.
 （いいえ、私は看護師だよ）
3 No, I'm a bus driver.
 （いいえ、私はバス運転手だよ）

41ページ
こたえ
（10）1　（11）2　（12）3

音声●CD31
（10）
Is this your notebook?
（これは君のノート？）
1 Yes, it is.
 （うん、そうよ）
2 No, it's my umbrella.
 （ううん、私の傘よ）
3 No, it's my DVD.
 （ううん、私のDVDよ）

（11）
Is it three o'clock?
（3時ですか？）
1 Yes, it is.
 （はい、3時です）

2 No, it's two o'clock.
　（いいえ、2時です）
3 No, it's ten o'clock.
　（いいえ、10時です）

(12)
Are those pants?
（それはズボン？）
1 Yes, they are.
　（うん、そうよ）
2 No, they are sweaters.
　（ううん、セーターよ）
3 No, they are socks.
　（ううん、くつ下よ）

42ページ
こたえ
(13) 3　(14) 2　(15) 2

音声●CD32
(13)
Are you in the living room?
（リビングルームにいるの？）
1 Yes, I am.
　（うん、そうだよ）
2 No, I'm in the bathroom.
　（ううん、おふろ場にいるよ）
3 No, I'm in the kitchen.
　（ううん、台所にいるよ）

(14)
Are you washing your hands?
（手を洗っているのかな？）
1 Yes, I am.
　（はい、そうです）
2 No, I'm washing my face.
　（いいえ、顔を洗っています）
3 No, I'm washing my hair.
　（いいえ、髪の毛を洗っています）

(15)
Are you making a train?
（電車を作っているのかな？）
1 Yes, I am.
　（はい、そうです）
2 No, I'm making a car.
　（いいえ、車を作っています）
3 No, I'm making an airplane.
　（いいえ、飛行機を作っています）

43ページ
こたえ
(16) 2　(17) 3　(18) 3

音声●CD33
(16)
Are you cutting a cabbage?
（キャベツを切っているの？）
1 Yes, I am.
　（うん、そうよ）
2 No, I'm cutting a carrot.
　（いいえ、ニンジンを切っているの）
3 No, I'm cutting a pumpkin.
　（いいえ、カボチャを切っているの）

(17)
Are you watching TV?
（テレビを見ているの？）
1 Yes, I am.
　（うん、見ているよ）
2 No, I'm playing a video game.
　（ううん、テレビゲームをしているよ）
3 No, I'm reading a book.
　（ううん、本を読んでいるよ）

(18)
Are you cleaning your room?
（部屋を掃除しているの？）
1 Yes, I am.
　（うん、掃除しているよ）
2 No, I'm studying English.
　（ううん、英語を勉強しているよ）
3 No, I'm drawing a picture.
　（ううん、絵を描いているよ）

3 スリーヒントクイズ

45ページ
こたえ
(1) 5　(2) 1　(3) 2　(4) 4

音声●CD34
(1)
I'm crying.
（私は泣いています）
I'm gray.
（私は灰色です）
I have a long tail.
（私はしっぽが長いです）

77

What am I?
（私は誰でしょう）

（2）
I'm smiling.
（私は笑っています）
I'm dancing.
（私は踊っています）
I'm wearing a red dress.
（私は赤いドレスを着ています）
What am I?
（私は誰でしょう）

（3）
I'm running.
（私は走っています）
I'm hot.
（私は暑いです）
I have blue eyes.
（私は目が青いです）
What am I?
（私は誰でしょう）

（4）
I'm happy.
（私は幸せです）
I'm orange.
（私はオレンジ色です）
I have a present.
（私はプレゼントを持っています）
What am I?
（私は誰でしょう）

46ページ
こたえ
（5）3　（6）6　（7）4　（8）2

音声●CD35
（5）
I'm purple.
（私は紫色です）
I'm sleeping.
（私は眠っています）
I'm in a basket.
（私はバスケットのなかにいます）
What am I?
（私は誰でしょう）

（6）
I'm white.
（私は白いです）

I'm eating.
（私は食べています）
I'm sitting.
（私は座っています）
What am I?
（私は誰でしょう）

（7）
I'm cold.
（私は寒いです）
I have a coat.
（私はコートを着ています）
I have long ears.
（私は耳が長いです）
What am I?
（私は誰でしょう）

（8）
I'm singing.
（私は歌っています）
I'm jumping.
（私はジャンプしています）
I have an umbrella.
（私は傘を持っています）
What am I?
（私は誰でしょう）

47ページ
こたえ
（9）2　（10）5　（11）4　（12）1

音声●CD36
（9）
I'm yellow.
（私は黄色です）
I have a watch.
（私は時計をしています）
I'm jumping.
（私はジャンプしています）
What am I?
（私は誰でしょう）

（10）
I'm angry.
（私は怒っています）
I have six legs.
（私は足が6本あります）
I'm green.
（私は緑色です）
What am I?
（私は誰でしょう）

(11)
I'm yellow.
(私は黄色です)
I have a book.
(私は本を持っています)
I'm wearing glasses.
(私はメガネをかけています)
What am I?
(私は誰でしょう)

(12)
I'm walking.
(私は歩いています)
I have a camera.
(私はカメラを持っています)
I'm black.
(私は黒いです)
What am I?
(私は誰でしょう)

48ページ ----------------------------------
こたえ
(13) 4　(14) 5　(15) 1　(16) 3

音声●CD37
(13)
I'm smiling.
(私は笑っています)
I have a ribbon.
(私はリボンをしています)
I'm red.
(私は赤いです)
What am I?
(私は誰でしょう)

(14)
I'm long.
(私は長いです)
I have a big mouth.
(私は大きな口をしています)
I'm green.
(私は緑色です)
What am I?
(私は誰でしょう)

(15)
I'm singing.
(私は歌っています)
I'm taking a bath.
(私はおふろに入っています)

I'm brown.
(私は茶色です)
What am I?
(私は誰でしょう)

(16)
I'm sleeping.
(私は眠っています)
I have a doll.
(私は人形を持っています)
I'm on the bed.
(私はベッドの上にいます)
What am I?
(私は誰でしょう)

4 文にあう絵は？

50ページ ----------------------------------
こたえ
(1) 2　(2) 1　(3) 3　(4) 1

音声●CD38
(1)
There are three dolphins in the pool.
(プールにイルカが3頭います)

(2)
There is a starfish in it, too.
(ヒトデもそのなかにいます)

(3)
A lot of people are smiling and happily watching them.
(たくさんの人たちが笑っていて、それらを楽しそうに見ています)

(4)
Tadashi is drawing a picture.
(ただしくんは絵を描いています)

51ページ ----------------------------------
こたえ
(5) 1　(6) 3　(7) 2　(8) 3

音声●CD39
(5)
An old woman is holding some bags in her hands.
(おばあさんが両手にかばんを持っています)

79

（6）
She is getting on a bus.
（彼女はバスに乗ろうとしています）

（7）
Some onions are falling from her bag.
（タマネギが彼女のかばんから落ちています）

（8）
Two girls are picking them up for her.
（ふたりの女の子が彼女のためにタマネギを拾っています）

52ページ ----------------------------------
こたえ
（9）2　（10）2　（11）3　（12）1

音声●CD40
（9）
We are having lunch at the park.
（私たちは公園でお昼ごはんを食べています）

（10）
It suddenly started raining.
（突然雨が降ってきました）

（11）
We are running toward the big tree.
（私たちは大きな木に向かって走っています）

（12）
We can see a beautiful rainbow in the sky.
（空にきれいな虹が見えます）

53ページ ----------------------------------
こたえ
（13）1　（14）2　（15）3　（16）3

音声●CD41
（13）
Mariko is riding a bike.
（まりこちゃんは自転車に乗っています）

（14）
She is buying an ice cream at the shop.
（彼女はお店でアイスクリームを買っています）

（15）
Her cellphone is ringing.
（彼女の携帯電話が鳴っています）

（16）
Her grandfather is waiting for her at the bus stop.
（彼女のおじいさんがバス停で彼女を待っています）

5 お話にあう絵は？

55ページ ----------------------------------
こたえ
（1）4　（2）1　（3）3

音声●CD42
（1）
What's the matter?
（どうしたの？）
I have a headache.
（頭が痛いよ）

（2）
You have a fever, too.
（熱もある）
I feel dizzy.
（くらくらするよ）

（3）
Can I have a glass of water?
（お水をもらえる？）
Here you are.
（どうぞ）

56ページ ----------------------------------
こたえ
（4）1　（5）3　（6）2

音声●CD43
（4）
It's nice to meet you.
（はじめまして）
Nice to meet you, too.
（はじめまして）

（5）
Could you take off your shoes?
（くつを脱いでいただけますか？）
Oh, I see.
（はい、わかりました）

（6）
Wow! These are wonderful!
（わあ！ すばらしいですね！）
They're calligraphy.
（お習字です）

57ページ
こたえ

（7）2　（8）3　（9）4

音声●CD44

（7）
Are you all right?
（大丈夫ですか？）
I'm lost.
（道に迷っています）

（8）
Where is the post office?
（郵便局はどこですか？）
It's on the corner.
（角にあります）

（9）
I'm going there, come with me.
（私はそこに行きます。いっしょに行きましょう）
Thanks.
（ありがとう）

58ページ
こたえ

（10）4　（11）1　（12）2

音声●CD45

（10）
Hello?
（もしもし？）
Hi, Takumi. I've forgotten my wallet.
（もしもし、たくみ。おさいふを忘れてしまったよ）

（11）
Oh, Dad. Where did you put it?
（ああ、お父さん。どこに置いたの？）
Maybe on the kitchen table.
（たぶんキッチンテーブルの上に）

（12）
I found it! Where are you?
（見つけた！ どこにいるの？）
I'm at the bus stop.
（バス停にいるよ）

59ページ
こたえ

（13）4　（14）3　（15）2

音声●CD46

（13）
Where is the restroom?
（トイレはどこですか？）
It's over there.
（あちらです）

（14）
Can I get you a blanket?
（毛布をさしあげましょうか？）
Yes, that would be nice.
（はい、それはうれしいです）

（15）
I'd like something to drink.
（何か飲みたいです）
How about orange juice?
（オレンジジュースはいかがですか？）

6 みんなにきいてみよう

61ページ
こたえ

（1）1、2　（2）3、4

音声●CD47

（1）
What do you like, Kenta?
（けんたくん、何が好きですか？）
I like ice cream and cookies.
（ぼくはアイスクリームとクッキーが好きです）

（2）
What do you want, Rei?
（レイちゃん、何がほしいですか？）
I want an eraser and a ruler.
（私は消しゴムとじょうぎがほしいです）

62ページ
こたえ

（3）1、3　（4）1、3、4

音声●CD48

（3）
What do you have, Shin?
（しんくん、何を持っていますか？）
I have a book and two pencils.
（ぼくは本と2本のえんぴつを持っています）

（4）
What do you need, Yuka?
（ゆかちゃん、何が必要ですか？）
I need a blanket, a pillow and pajamas.
（私は毛布と枕とパジャマが必要です）

63ページ
こたえ

（5）1、3、4　（6）2、3

音声●CD49

（5）
What do you see, Jack?
（ジャック、何が見えますか？）
I see a swing, a seesaw and a slide.
（ブランコ、シーソー、すべり台が見えます）

（6）
What are you doing, Takuya?
（たくやくん、何をしているのですか？）
I'm washing my hands and feet.
（ぼくは手と足を洗っています）

64ページ
こたえ

（7）1、4　（8）2

音声●CD50

（7）
What are you drawing, Mika?
（みかちゃん、何を描いているのですか？）
I'm drawing some lemons and bananas.
（私はレモンとバナナを描いています）

（8）
What can you do, Lisa?
（リサ、何ができますか？）
I can take pictures.
（私は写真を撮ることができます）

65ページ
こたえ

（9）1　（10）2、3

音声●CD51

（9）
What can you see, Sam?
（サム、何が見えますか？）
I can see basketball players.
（バスケットボール選手が見えます）

（10）
What are you going to buy, Aki?
（あきちゃん、何を買うつもりですか？）
I'm going to buy a present and three balloons.
（私はプレゼントと3つの風船を買うつもりです）

7 どうすればいいかな？

67ページ
こたえ

（1）1　（2）4　（3）3　（4）6　（5）2

音声●CD52

（1）
Please open the window.
（窓を開けてください）
OK.
（はい）

（2）
Can you bring the mop here?
（モップをこっちに持ってきてください）
Here you are.
（はい、どうぞ）

（3）
Let's move the chairs.
（イスを動かしましょう）
All right.
（はい、わかりました）

（4）
Pick up the pencil case, please.
（その筆箱を拾ってください）
Oh, it's mine.
（あ、ぼくのです）

（5）
Will you erase the board?
（黒板を消してもらえますか？）
Sure thing.
（はい、もちろん）

68ページ
こたえ
(6) 6　(7) 1　(8) 5　(9) 2　(10) 4

音声●CD53
(6)
Dinner is ready.
(ごはんですよ)
I'm coming.
(今行くね)

(7)
Put the toys away.
(おもちゃを片づけなさい)
All right, Mom.
(はい、お母さん)

(8)
Wash your hands first.
(最初に手を洗いなさい)
OK, I will.
(はい、わかったよ)

(9)
Please pass me the soy sauce.
(おしょうゆをとってくれる？)
Here you are.
(はい、どうぞ)

(10)
Take your dish to the sink.
(お皿を流しに持っていって)
Yes, Mom.
(はい、お母さん)

69ページ
こたえ
(11) 5　(12) 6　(13) 3　(14) 2　(15) 4

音声●CD54
(11)
Will you get the package?
(荷物を受けとってくれる？)
OK.
(はい)

(12)
Can you bring it upstairs?
(それを2階に持っていってくれる？)
No problem.
(いいわよ)

(13)
Shall we open it?
(開けてみましょうか)
Yes, let's.
(うん、そうしよう)

(14)
Let's put it by the window.
(窓のそばに置きましょう)
That's a good idea.
(それはいい考えね)

(15)
Could you water the flowers?
(お花にお水をあげてくれる？)
Sure.
(はい)

70ページ
こたえ
(16) 6　(17) 4　(18) 2　(19) 1　(20) 3

音声●CD55
(16)
Let's line up at the end.
(列の最後にならぼう)
All right.
(うん、わかった)

(17)
Don't run in this room.
(この部屋で走らないで)
Oh, I'm sorry.
(ああ、ごめんなさい)

(18)
Shall we take a cup of tea first?
(最初に紅茶をとりに行こう)
Yes, let's.
(うん、行こう)

(19)
Put the napkin on your lap.
(ナプキンをひざの上に置いて)
Like this?
(こんな感じ？)

(20)
Look out!
(気をつけて)
Oops!
(わっ！)

# はじめての英検Jr. ブロンズ

発行日　2016年7月19日　（初版）
　　　　2022年7月8日　（第6刷）

企画・編集●株式会社アルク 文教編集部
問題作成●笠木えりあ（アルク Kiddy CAT英語教室教師）、牧 菜穂（アルクKiddy CAT英語教室元教師）

英文校正●Peter Branscombe、Owen Schaefer、Joel Weinberg
表紙・AD／本文デザイン●仙北谷虔司
表紙イラスト●YUU
本文イラスト●タカクボジュン、望月秀明、住井陽子、ムラキワカバ、本山浩子、YUU、仲野ひかる、大塚たかみつ
ナレーション●Julia Yermakov、Dario Toda、Peter von Gomm、Yuko Yunokawa、桑島三幸

CDプレス●株式会社ソニー・ミュージックソリューションズ
DTP●株式会社創樹
印刷・製本●シナノ印刷株式会社

発行者●天野智之
発行所●株式会社アルク
〒102-0073 東京都千代田区九段北4-2-6　市ヶ谷ビル
Website：https://www.alc.co.jp/

本書は2007年に刊行された『はじめての児童英検 ブロンズ対応版』を改題・改訂したものです。本書に掲載している「英検Jr.®」の基礎知識や実施内容、詳細に関する情報はすべて2016年7月のものです。

落丁本、乱丁本は、弊社にてお取り替えいたしております。
Webお問い合わせフォームにてご連絡ください。
https://www.alc.co.jp/inquiry/

本書の全部または一部の無断転載を禁じます。著作権法上で認められた場合を除いて、本書からのコピーを禁じます。
定価はカバーに表示してあります。
製品サポート：https://www.alc.co.jp/usersupport/

©2016 ALC PRESS INC.
YUU / Jun Takakubo / Hikaru Nakano / Hiroko Motoyama / Yoko Sumii / Wakaba Muraki / Hideaki Mochizuki / Takamitsu Otsuka
Printed in Japan.
PC: 7016040　ISBN: 978-4-7574-2819-5

CD取り扱いの注意

CDをいつまでもよい音でお聞きいただくために、次のことにご注意ください。

1. CDの信号面（文字の書かれていない面、裏面）には、非常に細かい信号が入っているため、静電気でほこりが付着しただけで、音が出ない場合があります。CDを聞く際には、かならずやわらかい布でふいてから、ご使用ください。
2. CDの信号面には、指でふれないようご注意ください。万一ふれた場合には、やわらかい布でふいてからご使用ください。
3. 使用後は、高温多湿、または直射日光の当たる場所をさけて保管してください。
4. ディスクの両面にペンで文字を書いたり、シールを貼ったりしないでください。
5. 変形、破損したディスクは使用しないでください。プレーヤーの故障の原因になります。

・弊社制作の音声CDは、CDプレーヤーでの再生を保証する規格品です。
・パソコンでご使用になる場合、CD-ROMドライブとの相性などにより、ディスクを再生できない場合があります。ご了承ください。
・パソコンでタイトル・トラック情報を表示させたい場合は、iTunesをご利用ください。iTunesでは、弊社がCDのタイトル・トラック情報を登録するGracenote社のCDDB（データベース）からインターネットを介してトラック情報を取得することができます。
・CDとして正常に音声が再生できるディスクからパソコンやmp3プレーヤー等への取り込み時にトラブルが生じた際は、まず、そのアプリケーション（ソフト）、プレーヤーの製作元へご相談ください。